बहुभाषी समाज और अनुवाद

संपादन
डॉ. शिवशंकर अवस्थी

डायमंड बुक्स
www.diamondbooks.in

प्रकाशक : डायमंड पॉकेट बुक्स (प्रा.) लि.
X-30 ओखला इंडस्ट्रियल एरिया, फेज-II
नई दिल्ली - 110020
फोन : 011- 40712200
ई-मेल : wecare@diamondbooks.in
वेबसाइट : www.diamondbooks.in
संस्करण : 2026

Bahubhashi Samaj Aur Anuvad
by Dr. Shivshankar Awasthi

संपादक की कलम से

यह 1905 की बात है। मैसूर के प्राच्य अनुसंधान संस्थान (Oriental Research Institute) के पुस्तकालय के अध्यक्ष रूद्रपट्टण शामाशास्त्री (1868-1944) ताड़ पत्र में लिखी पांडुलिपियों का ढेर देख रहे थे। उस ढेर में शामाशास्त्री जी के हाथ में ग्रंथी लिपि में लिखी एक पुस्तक लगी और उनके आश्चर्य और हर्ष का ठिकाना न रहा। यह वह पुस्तक थी जो कि भारतवर्ष में 2400 वर्षों से पढ़ाई जा रही थी लेकिन 12वीं शताब्दी में विलुप्त हो गई थी। अचानक उनके हाथ में लगी यह पुस्तक थी- आचार्य कौटिल्य या चाणक्य का अर्थशास्त्र। शास्त्री जी संस्कृत के विद्वान थे। उन्होंने पहले इस पुस्तक का अनुवाद संस्कृत में और फिर अंग्रेजी में किया और उनका नाम भारत और पूरे विश्व में छा गया। उन्हीं दिनों मैसूर के महाराजा कृष्ण राजा वोडेयार जर्मनी की राज-यात्रा में गए। इस यात्रा के दौरान वे एक विश्वविद्यालय में गए जहाँ उनका परिचय कुलपति से करवाया गया। मैसूर नाम सुनते ही कुलपति बोल पड़े- "क्या आप शामाशास्त्री के मैसूर से हैं?" महाराजा के आश्चर्य की सीमा नहीं रही। वापस लौटने पर उन्होंने शास्त्री जी को बुलाया और कहा- "मैसूर में मैं महाराजा हूँ और तुम और यहाँ के लोग मेरी प्रजा है लेकिन जर्मनी में तुम मालिक हो और वहाँ लोग हमें (अर्थात् महाराजा और मैसूर की जनता) तुम्हारे नाम से जानते हैं।"

रूद्रपट्टण शामाशास्त्री की इस खोज ने पश्चिमी जगत को भारत के प्रति अपने दृष्टिकोण को बदलने के लिए मजबूर कर दिया। अभी तक उनका यह विचार था कि भारतीय साहित्य धार्मिक और पौराणिक कथा-कहानियों पर आधारित था और भारतीयों ने प्रशासन और प्रबंधन की कला सिकंदर के आक्रमण के पश्चात यूनानियों से सीखी। इस ग्रंथ से यह बातें मिथ्या साबित हुईं। अर्थशास्त्र की तुलना सुप्रसिद्ध पश्चिम विचारक मैकियावेली की पुस्तक 'द प्रिंस' से हुई।

रविंद्रनाथ ठाकुर विश्व के साहित्यिक पटल पर तब प्रसिद्ध हुए जबकि उन्होंने अपनी पुस्तक गीतांजलि, जो कि मूल तौर पर बंगला भाषा में उन्होंने लिखी थी, का स्वयं अनुवाद

अंग्रेजी में किया। इसके लिए उन्हें नोबेल पुरस्कार से नवाजा गया। गीतांजलि की निम्न पंक्तियाँ आज भी प्रसिद्ध हैं-

Where the mind is without fear and the head is held high
Where knowledge is free
Where the world has not been broken up into fragments
By narrow domestic walls,
Where words comes from the depth of truth,
Where tireless striving stretches its arms towards perfection;
Where the clear stream of reason has not lost its way;
into the dreary desert sand of dead habit;
Where the mind is led forward by thee; into ever-widening thought and action- Into that heaven of freedom, my father, let my country awake.

जहाँ मन भयरहित और मस्तक ऊँचा हो,
जहाँ विश्व संकीर्ण घरेलू दीवारों के टुकड़ों में न बँटा हो,
जहाँ शब्द सत्य की गहराइयों से निकलते हों,
जहाँ अथक प्रयास सम्पूर्णता की ओर अपनी भुजाएँ फैलाते हैं।
जहाँ विवेक की स्वच्छ धारा गंदी आदतों की सुनसान मरुभूमि में न खो गई हो,
जहाँ विचार एवं गतिविधियों से तू मन को हमेशा विस्तारित कर आगे बढ़ाता हो- स्वतंत्रता के उस स्वर्ग में, मेरे देवता, मेरे देश को जागृत होने दे।

ऐसा नहीं था कि यह पहली बार हुआ था, इससे पहले भी भारतीय साहित्य की अनेक रचनाओं का पश्चिमी भाषाओं में अनुवाद हुआ था। चार्ल्स विल्किंस ने 1785 में भगवदगीता का अंग्रेजी में अनुवाद किया, मैक्स मूलर ने ऋग्वेद का अनुवाद किया। वास्तव में भारत की भाषाई विविधता हमेशा से अनुवाद की अनिवार्यता को रेखांकित करती रही है। जैन और बौद्ध जब मत प्रचार में लिप्त हुए तो उन्हें अनुवाद का सहारा लेना पड़ा। जब बौद्ध धर्म का प्रचार दक्षिण-पूर्वी देशों में हुआ तब भी स्थानीय भाषाओं में उनके धार्मिक ग्रंथों का अनुवाद किया गया।

अनुवाद के महत्व के संबंध में एक और घटना की ओर पाठकों का ध्यान दिलाना चाहूँगा। जिस प्रकार से हम जानते हैं कि सिंधु घाटी की उच्च कोटि की प्राचीन सभ्यता थी लेकिन उसकी भाषा नहीं पढ़ी जा सकी, इसीलिए बहुत सारी जानकारी हमारे पास नहीं

है। इसी प्रकार से प्राचीन मिस्र की सभ्यता के बारे में कयास ही लग रहे थे और एक स्पष्ट लिपि होने के बावजूद उसे पढ़ा नहीं जा सका था। 1799 में जबकि नेपोलियन का मिस्र पर आक्रमण हुआ था, एक फ्रेंच सेना अफसर को रोसेत्ता शहर में एक किले की दीवार को गिराने पर एक बहुभाषी शिलालेख मिला जिसमें प्राचीन मिस्र लिपि का प्राचीन यूनानी में अनुवाद था। इसी रोसेत्ता पत्थर से प्राचीन मिस्र की सभ्यता और साहित्य को समझा जा सका। इसी तरह से लिखने की प्राचीनतम विधियों में से एक कयुनिफॉर्म लिपि (कीलाक्षर या अंकन) प्राचीन सुमेर सभ्यता में मिलती है जो कि इतिहास में एक लम्बे समय तक उपयोग में रही। सिकंदर के समकालीन बादशाह दारा के अनेक अभिलेख और शिलालेख इसी लिपि में उपलब्ध हैं जो कि बहुत समय तक पढ़े नहीं जा सके, फिर वे पढ़े गए और उनके अनुवाद से हमें प्राचीन सभ्यताओं के बारे में ज्ञान मिला। वास्तव में अनुवाद इतिहास की वह कुंजी है जिससे उसकी परतें खुलती हैं और विभिन्न भाषा बोलने वाले लोगों को ज्ञान मिलता है। यह आशा करें कि एक दिन रोसेत्ता पत्थर की तरह कोई शिलालेख या अभिलेख मिले जिसमें प्राचीन सिंधु सभ्यता की लिपि का उस समय की किसी अन्य लिपि में अनुवाद मिल जाए जिसका ज्ञान हमें है, तो हमें उस समृद्ध सभ्यता के बारे में आधिकारिक जानकारी मिलेगी। ऐसा सोचना गलत नहीं होगा क्योंकि यह तो हमें मालूम है कि सिंधु सभ्यता का संपर्क उस समय की अन्य सभ्यताओं जैसे मिस्र, मैसोपोटामिया और चीनी सभ्यता से था जिन्हें पढ़ लिया गया है।

अनुवाद ज्ञान समाज की नींव है। यह भाषाओं के बीच सेतु का काम करके ज्ञान और सूचना को दुनिया भर में फैलाने में मदद करता है जिससे विभिन्न संस्कृतियों में आपसी समझ बढ़ती है और सभी के लिए ज्ञान की सार्वभौमिक पहुँच सुनिश्चित होती है। यह एक प्रगतिशील और समावेशी समाज के लिए आवश्यक है। अनुवाद वैश्विक ज्ञान की पहुँच को विभिन्न भाषाओं में सक्षम करता है जिससे लोग दुनिया भर में हो रहे शोध और विकास से जुड़ पाते हैं। यह विभिन्न संस्कृतियों के बीच विचारों के आदान-प्रदान की सुविधा देता है जिससे सांस्कृतिक समझ और सम्मान बढ़ता है जो एक बहुभाषी समाज के लिए आवश्यक है। अनुवाद यह सुनिश्चित करने में मदद करता है कि ज्ञान और सूचना समाज के सभी सदस्यों के लिए उपलब्ध हो, भले ही उनकी भाषाई पृष्ठभूमि कुछ भी हो। यह न केवल शैक्षणिक और वैज्ञानिक ज्ञान के प्रसार के लिए महत्वपूर्ण है, बल्कि सामाजिक, राजनीतिक और आर्थिक क्षेत्रों में देशों और समुदायों के बीच संवाद और सहयोग के लिए भी अपरिहार्य है। भाषाओं के अवरोधों को तोड़कर, अनुवाद उन सूचनाओं और ज्ञान की उन तक पहुँच प्रदान करता है जो अन्यथा पहुँच से बाहर रहते हैं। इससे समाज में समावेशिकता और समानता को बढ़ावा मिलता है। इंटरनेट और संचार तकनीकों के

आगमन से राष्ट्रों के बीच सांस्कृतिक और भाषाई आदान-प्रदान में वृद्धि हुई है, जिससे अनुवाद कार्य और भी अधिक महत्वपूर्ण हो गया है। जब विभिन्न देशों के राजनेता एक-दूसरे से मिलते हैं तो अनुवाद कला उनके मध्य संचार सुलभ करती है। इसी तरह से जब एक बहुभाषी देश के विभिन्न भाषाई लोग मिलते हैं तो अनुवाद ही उनमें संवाद की व्यवस्था करता है। भारतीय संसद में सदस्यों के पास 18 भाषाओं में तत्काल अनुवाद की सुविधा उपलब्ध है। अब तो भारत सरकार ने कृत्रिम मेधा की सहायता से 'भाषिनी' ऐप विकसित किया है जिसमें 22 भाषाओं में तत्काल अनुवाद की सुविधा उपलब्ध है। ये 22 भाषाएँ वे भाषाएँ हैं जिनको संविधान की आठवीं अनुसूची में सूचीबद्ध किया गया है। 31 दिसम्बर 2025 को सर्वोच्च न्यायालय के 75वें स्थापना दिवस के अवसर पर प्रधानमंत्री आदरणीय नरेन्द्र मोदी ने कहा कि सर्वोच्च न्यायालय के निर्णयों की स्थानीय भाषाओं में अनुवाद करने की व्यवस्था की गई है और उन्होंने उम्मीद व्यक्त की कि जल्द ही यह व्यवस्था अन्य अदालतों में होगी। गूगल ऐप तथा अन्य ऐप्स के माध्यम से आमजन को भी तत्काल अनुवाद प्राप्त करने की सुविधा अब उपलब्ध है। इस तरह से अब कोई भी व्यक्ति किसी भी भाषा में घर बैठे अनुवाद कर सकता है। आम आदमी के सशक्तिकरण की इससे बड़ी मिसाल कोई और नहीं हो सकती।

उपनिवेशवाद के दिनों में अनुवाद ने महत्वपूर्ण भूमिका निभाई। भारतीयों को अंग्रेजी साहित्य पढ़ने का सुअवसर मिला जिसने राष्ट्रवाद की नींव रखने में बहुत सहायता की। अंग्रेजों को भी भारतीयों को समझने की आवश्यकता महसूस हुई। इसके लिए 1784 में सर विलियम जोन्स ने एशियाटिक सोसाइटी की स्थापना की जिसका उद्देश्य प्राच्य अनुसंधान (ओरिएंटल रिसर्च) था। इसी उद्देश्य के लिए 1800 में फोर्ट विलियम कॉलेज की स्थापना हुई जिसमें प्राच्य अनुसंधान को विशिष्टता का दर्जा दिया गया। विलियम जोन्स ने कालिदास के 'अभिज्ञान शकुंतलम' का अंग्रेजी में अनुवाद किया लेकिन यह भी सत्य है कि औपनिवेशिक अनुवादों में यह विचार निहित था कि भारत सहित पूर्व के देश सभ्य नहीं थे और उनके साहित्य में कुछ खास नहीं था। दूसरे शब्दों में अनुवाद महज अनुवाद नहीं था बल्कि उसमें राजनीति भी थी। पश्चिमी मानकों के अनुसार भारतीय साहित्य का अनुवाद हो रहा था, यह एक संस्कृति को नष्ट करने का कुचक्र भी था। पश्चिमी साहित्य का भी अनुवाद कार्य शुरू हुआ जिसके माध्यम से उसकी सर्वोच्चता स्पष्ट की गई। यह बात भारत में अंग्रेजी शिक्षा के संस्थापक थॉमस बेबिंगटन मैकाले ने 1835 में 'शिक्षा पर कार्यवृत' (Minute on Education) में खुले तौर पर कहीं। उन्होंने कहा कि उन्हें संस्कृत या अरबी भाषा का कोई ज्ञान नहीं था लेकिन उन्होंने अरबी और संस्कृत कृतियों के अनुवाद पढ़े थे। उनके अनुसार एक अंग्रेजी पुस्तकालय की एक अलमारी के एक अकेले

खाने की कीमत भारत और अरबी के समस्त देशी साहित्य के बराबर थी। उनका आगे कहना था कि पश्चिमी साहित्य की आंतरिक सर्वोच्चता की उनकी समिति के उन सदस्यों की भी सहमति थी जो कि शिक्षा की प्राच्य योजना का समर्थन कर रहे थे। मैकाले ने इसी कार्यवृत के द्वारा भारत में अंग्रेजी शिक्षा लागू करने की वकालत की थी। उसके पक्ष में उन्होंने कई तर्क दिए थे, उनमें यह तर्क भी था कि अरबी और संस्कृत में वैज्ञानिक शब्द थे ही नहीं जिनसे आधुनिक शिक्षा दी जा सके। एक और तर्क यह था कि संस्कृत और अरबी पुस्तकें न तो बिकती थीं और न ही पढ़ी जाती थीं जबकि अंग्रेजी पुस्तकें बिकती और पढ़ी जाती थीं। मैकाले के अनुसार भारतीय भाषाओं में साहित्यिक या वैज्ञानिक सूचनाओं का अभाव था और वे इतनी दरिद्र और रूखी थीं कि जब तक वे समृद्ध नहीं बनतीं तब तक उनमें किसी महत्वपूर्ण पुस्तक का अनुवाद भी संभव नहीं था। इसीलिए यदि भारतीयों को प्रशिक्षित करना है तो उन्हें उनकी मातृभाषा में नहीं बल्कि अंग्रेजी भाषा से शिक्षित किया जाए। इन्हीं विचारों ने मिलकर औपनिवेशवादी संस्कृति का निर्माण किया जो कि अभी भी व्याप्त है हालाँकि यह कम होती जा रही है। इस मानसिकता से पूर्ण मुक्ति के लिए अभी और समय लगेगा। आज भी ऐसे लोगों की कमी नहीं है जिनके लिए भारतीयता या भारतीय संस्कृति निकृष्ट है जबकि पाश्चात्य संस्कृति व परंपराओं के वे हिमायती हैं। भारत से गए विदेशों में बसने वाले भारतीयों की भी इसी प्रकार की मानसिकता रही है लेकिन अब उनमें भी परिवर्तन का दौर शुरू हो गया है। उनकी नई पीढ़ी की यह इच्छा है कि उनकी संतान भारतीय संस्कृति एवं अपनी भाषा से परिचित हो।

आर्थिक तथा व्यावसायिक क्षेत्र में तो अनुवाद की भूमिका उल्लेखनीय है। बड़े-बड़े बहुराष्ट्रीय निगम और कंपनियों के लिए अब संपूर्ण विश्व बाजार बन चुका है। उनके उत्पाद दूरदराज के गाँवों तक पहुँच रहे हैं। यह देखा गया है कि एक उत्पाद के उपभोग की संभावनाएँ काफी बढ़ जाती हैं यदि उसकी समस्त सूचनाएँ स्थानीय भाषा में उपलब्ध हों। इसीलिए अनेक देशों में उत्पाद से संबंधित जानकारियाँ स्थानीय भाषाओं में दी जा रही हैं। कुछ देशों में तो इसे अनिवार्य कर दिया गया है। पश्चिमी कंपनियों द्वारा किए गए एक शोध के अनुसार 76 प्रतिशत ग्राहक उस उत्पाद को पसंद करते हैं जिसकी सूचनाएँ स्थानीय भाषा में उपलब्ध हों और 40 प्रतिशत ग्राहक तो केवल अंग्रेजी वेबसाइट से सामान नहीं खरीदते। इसीलिए अब विज्ञापनों और वेबसाइट में भी स्थानीय भाषा का उपयोग हो रहा है और अनुवाद की विधा का वैश्वीकरण हो गया है।

भारत जैसे विशाल व बहुभाषी समाज में अनेक भाषाओं के पास समृद्ध विरासत है और उनके बोलने वालों में वैश्वीकरण के कारण अपनी भाषा की अस्मिता के प्रति जागरूकता बढ़ रही है। ऐसी स्थिति में अनुवाद का महत्व और भी बढ़ जाता है। अब विश्व

में उपलब्ध प्रत्येक प्रकार के ज्ञान की आवश्यकता प्रत्येक भाषा को है। इसी आवश्यकता को भारत सरकार ने भी महसूस किया और इसीलिए उसने राष्ट्रीय अनुवाद मिशन का उद्घोष किया। इसके लिए 2005 में राष्ट्रीय ज्ञान आयोग की स्थापना की गई जिसका उद्देश्य भारतीय संविधान की आठवीं सूची में उल्लिखित भाषाओं में अनुवाद कार्य सुलभ और सुगम बनाना है। राष्ट्रीय ज्ञान आयोग के उद्घाटन के अवसर पर तत्कालीन प्रधानमंत्री डॉ. मनमोहन सिंह ने बोलते हुए कहा- "ज्ञान के कई महत्वपूर्ण क्षेत्रों में पहुँच बढ़ाने के लिए एवं निरंतर ज्ञानार्जन तथा शिक्षा में लोगों की भागीदारी को व्यापक एवं सशक्त बनाने के लिए अनुवादित सामग्री तक पहुँच अत्यावश्यक है।" समय के साथ-साथ विद्यार्थियों में अपनी भाषा में पढ़ने की प्रवृत्ति बढ़ती जा रही है और इससे अनुवाद का कार्य एक राष्ट्रीय मिशन बन जाता है। भारत में राष्ट्रीय अनुवाद मिशन के ध्येय एवं उद्देश्यों में दो योजनाओं की व्यवस्था की गई है- अल्पकालिक तथा दीर्घकालिक।

मिशन की अल्पकालिक योजनाएँ हैं:

- महाविद्यालय एवं विश्वविद्यालयों में पढ़ाए जाने वाले सभी मुख्य विषयों के पाठ्य पुस्तकों के अनुवाद को प्रोत्साहन एवं उनका प्रकाशन।
- भारतीय विश्वविद्यालयों का डेटाबेस, अनुवादकों का राष्ट्रीय रजिस्टर, प्रकाशकों का डेटाबेस, अनूदित पुस्तकों की ग्रंथ-सूची का डेटाबेस, विषय विशेषज्ञों का डेटाबेस / विशेषज्ञों का संग्राहक, एवं शब्दकोश एवं शब्दावली का डेटाबेस आदि पाँच डेटाबेस का निर्माण एवं रखरखाव।
- अंग्रेज़ी एवं अन्य भारतीय भाषाओं में मशीनी अनुवाद को प्रोत्साहन।
- अनुवादकों को विभिन्न क्षेत्रों में प्रशिक्षण एवं प्रमाणन।
- अनुवादक शिक्षण कार्यक्रम के तहत अनुवादकों के लिए अल्पकालिक प्रशिक्षण कार्यक्रम।
- शब्दकोश एवं पर्यायवाची शब्दकोश जैसे अनुवाद साधनों का निर्माण करना।
- भारतीय भाषाओं में वैज्ञानिक एवं तकनीकी शब्दों के निर्माण हेतु वैज्ञानिक एवं तकनीकी शब्दावली आयोग के साथ समन्वय स्थापित करना। मिशन की दीर्घकालिक योजनाएँ:
- अनुवाद-स्मृति, शब्द-खोजकर्ता, वर्ड नेट इत्यादि के सॉफ्टवेयर सहायता करने हेतु अनुसंधान एवं विकास करना।
- नेचुरल लैंग्वेज प्रोसेसिंग एवं अन्य अनुवाद संबंधित शोध परियोजनाओं के लिए

वित्तीय सहायता एवं अनुदान प्रदान करना।

- विशेष परियोजनाएँ जैसे भाषा युग्मों के बीच अनुवाद नियमावलियों के निर्माण के लिए, अनुवाद पर डिग्री/डिप्लोमा पाठ्यक्रमों का संचालन करने वाले विश्वविद्यालय/विभागों को अनुदान प्रदान करना।
- भारतीय भाषाओं में अनुवाद संबंधी पाठों और विश्लेषण इत्यादि के प्रकाशन अथवा अनुवाद संबंधी जर्नलों हेतु आर्थिक सहायता प्रदान करना।
- अनुवादकों और अनुवाद गतिविधियों को अधिक दृश्यता प्रदान करने हेतु विभिन्न कार्यक्रम जैसे अनूदित रचनाओं का विमोचन, क्षेत्रीय अनुवाद उत्सव, परिचर्चाएँ, पुस्तक प्रदर्शनियाँ इत्यादि का आयोजन करना।
- अनुवाद अध्ययन से संबंधित महत्वपूर्ण शैक्षणिक सामग्री कोश का निर्माण करना ताकि उस पर परिचर्चा हो सके।
- अनुवाद को यथेष्ठ उपार्जन वाले व्यवसाय के रूप में स्थापित कर इसे उद्योग के रूप में स्थापित करना।

इन ध्येय एवं उद्देश्य की प्राप्ति के लिए भारतीय भाषा संस्थान, मैसूर को मुख्य एजेंसी बनाया गया है। राष्ट्रीय अनुवाद मिशन, साहित्य अकादमी, राष्ट्रीय पुस्तक न्यास, तकनीकी शब्दावली आयोग और सी-डैक जैसी राष्ट्रीय संस्थानों के समन्वयन से कार्य करता है। भारतीय भाषा संस्थान अनुवाद के क्षेत्र में बहुत ही सक्रिय है और आशा है कि मिशन सफल होगा और विदेशी सहित अन्य सभी भाषाओं में सभी प्रकार के साहित्य का अनुवाद हमें उपलब्ध होगा। ऑथर्स गिल्ड ऑफ इंडिया ने भारत के विकास में अनुवाद की इस क्रांतिकारी भूमिका को देखते हुए जगन्नाथ पुरी के पवित्र शहर में एक संगोष्ठी का आयोजन किया जिसमें अनेक विद्वानों ने अपने विचार रखे। इस संगोष्ठी में पढ़े गए प्रपत्रों को यहाँ संकलित एवं संपादित करते हुए मुझे हार्दिक प्रसन्नता का अनुभव हो रहा है। इस पुस्तक की तैयारी में डॉ. संदीप शर्मा ने साथ दिया, मैं उनका आभारी हूँ। मेरे अग्रज नरेंद्र कुमार वर्मा जी के उत्साह और भारतीय भाषाओं के प्रति उनके समर्पण से मैं हमेशा ही प्रभावित रहा हूँ। उन्होंने बहुत सारा अनुवाद कराया है और उनके इस यज्ञ में मैंने भी आहुति दी है। वे एक बहुभाषी प्रकाशक हैं और भारतीय बौद्धिक परिवेश में अनुवाद की आवश्यकता से पूर्ण तौर पर परिचित हैं। मैं इस पुस्तक को समय में प्रकाशित करने के लिए उनका हृदय से धन्यवाद करता हूँ।

डॉ. शिवशंकर अवस्थी
महासचिव
ऑथर्स गिल्ड ऑफ इंडिया

विषय सूची

अध्याय-1

अनुवाद का स्वरूप एवं आवश्यकता

प्रो. हरीश अरोड़ा

इस तथ्य से इंकार नहीं किया जा सकता कि किसी भी देश के साहित्य और उसकी संस्कृति का विस्तार केवल उस देश की भाषा में लिखे गए साहित्य से सम्भव नहीं हो सकता। इनकी समृद्धि के लिए निर्विवाद रूप से अनुवाद की भूमिका को सर्वोपरि माना जा सकता है। आधुनिक युग सूचना युग और सूचना क्रांति का युग है। सूचना के अत्याधिक आविष्कारों ने सूचना-प्रवाह की तकनीक को चमत्कारिक दिशा देकर मानव समाज की दशा को आपादमस्तक बदल डाला है। आज सूचना का आदान-प्रदान एक आवश्यकता मात्र न रहकर एक अनिवार्यता बन चुका है। सूचना के अति विकसित साधनों ने पूरे विश्व को एक कुटुम्ब के रूप में विकसित तथा परिवर्तित कर दिया है, इसी परिवर्तन के आधार पर सूचना-विकास के मनीषी श्री मार्शल मैक्लुहान ने आधुनिक विश्व-व्यवस्था को वैश्विक ग्राम (ग्लोबल विलेज) की संज्ञा दे डाली है। आधुनिक युग में सूचनाओं का प्रवाह विश्व के प्रत्येक कोने में निर्बाध रूप से निरंतर हो रहा है। वैश्वीकरण की अवधारणा से पूर्व ही भारत का सम्पर्क विश्व के अन्य देशों की सभ्यताओं और संस्कृतियों के साथ उस देश के साहित्य के माध्यम से ही हुआ जिसके लिए उस देश के साहित्य के अनुवाद ने अपनी महती भूमिका अदा की है।

अनुवाद के स्वरूप पर विचार किया जाए तो विभिन्न भाषाविदों, अनुवादकों, लेखकों, मनीषियों आदि ने अनुवाद के स्वरूप पर विस्तार से चर्चा की है। किसी की दृष्टि में स्रोत भाषा की बात को लक्ष्य भाषा में 'निकटतम समानार्थी शब्द द्वारा व्यक्त करना', किसी के लिए 'रचना के बीच निकटतम समतुल्यता की स्थापना', किसी के लिए 'कथ्य का अंतरण' तथा किसी के लिए 'अर्थबोध और व्याकरण सम्मत भाषा में स्पष्ट सम्प्रेषण' आदि है। इस सम्बन्ध में जैनेन्द्र का मत है कि - 'अनुवाद की सफलता इसमें है कि मूल

लेखक और अनुवाद के पाठक में उसी प्रकार की संवेदना और सहानुभूति की घनिष्ठता और आत्मीयता पैदा की जा सके।' दरअसल किसी भी भाषा में शब्द अपने-अपने विशेष अर्थ के साथ समाए रहते हैं। ये सभी मिलकर एक ही भाव को प्रकट करते हैं। जब शब्दों के बीच एकता डालने वाला भाव 'अनुवाद' में से बच जाता है तो वह अनुवाद बेजान रह जाता है। भाषा में व्यक्त भाव के बिना अनुवाद कलेवर मात्र ही रह जाएगा। इसलिए विभिन्न विद्वानों के मतों का यदि विश्लेषण किया जाए तो भी यह स्पष्ट हो जाता है कि किसी भी अनुवाद द्वारा पाठक के मन में वही अनुभूति उत्पन्न करना, जो उसके मन में मूल को पढ़कर हुई होगी - अनुवाद कहा जा सकता है।

लेकिन प्रश्न यह है कि क्या भावों का समान अन्तरण ही अनुवाद है तो किसी भी भाषा की अपनी सांस्कृतिक परम्परा में विद्यमान उसकी अपनी कला और सौन्दर्य को अनुवाद के द्वारा दूसरी भाषा में अक्षुण्ण बनाए रखना किस प्रकार सम्भव होगा? दरअसल किसी भाषा का लेखक अपनी सांस्कृतिक विरासत से जिन भावों को ग्रहण करता है उसी सांस्कृतिक-कला-मापदण्डों से अपने भावों के सौन्दर्य को स्वरूप भी प्रदान करता है। ऐसे में दूसरी भाषा में उस सौन्दर्य की अभिव्यक्ति यथावत् रूप से हो पाना इसलिए भी सम्भव नहीं होता क्योंकि लक्ष्य भाषा की सांस्कृतिक विरासत या उसकी कला का स्वरूप अपने देश के सांस्कृतिक दाय से निर्मित होता है। ऐसे में अनुवाद द्वारा मूल भाव की मधुरता का नष्ट होना सहज हो जाता है। इस पर स्रोत भाषा में लिखे गए साहित्य की आंतरिक अर्थवत्ता कई बार इतनी विरल होती है कि रचनाकार की रचना कई अर्थ-ध्वनियों से युक्त होकर पाठक के सामने आती है ऐसे में अनेक अर्थ-ध्वनियों से युक्त रचना के लिए लक्ष्य भाषा में समानधर्मी अनेक अर्थ प्रकट करने वाली ध्वनियों का अभाव मूल रचना-भाव को यथावत् रूप से या समतुल्य रूप से कई बार प्रकट नहीं कर पाता।

लेकिन आश्चर्य इस बात है कि आज तक लाखों कृतियों के सफल और बेहतर अनुवाद इस अवधारणा को भी ध्वस्त करते दिखाई देते हैं। ऐसे में अनुवाद के स्वरूप का कोई सुनिश्चित आधार या रूप बना पाना सम्भव नहीं है। फिर भी प्रसिद्ध भाषा नायडा ने अनुवाद के लिए 'शाब्दिक अनुवाद', 'भावानुवाद' तथा 'पर्याय के आधार पर अनुवाद' इन तीन स्वरूपों को स्वीकार किया है। लेकिन जहाँ शाब्दिक अनुवाद में मुहावरेदार अभिव्यक्तियों से युक्त भाषा का अनुवाद सम्भव नहीं हो पाता वहीं 'भावानुवाद' में सूक्ष्म भावों के अनुवाद के दौरान समान-सौन्दर्यानुभूति के लिए अनुवादक को समतुल्य दृष्टि के आधार पर वाक्य की विभिन्न अर्थच्छटाओं को दूसरी भाषा में अर्थ की दृष्टि से ही अभिव्यक्त करना होता है। इसके अतिरिक्त 'पर्याय के आधार पर' किए गए अनुवाद में

किसी एक शब्द के अनेक पर्यायों को विकल्प के रूप में स्थान देने पर अनुवादक स्रोत भाषा के मूल शब्द के पर्याय रूप में शब्द का चयन तो कर लेता है लेकिन पर्यायों में अर्थ की समानता कम होने के कारण कई बार वाक्य का मूल भाव ही नष्ट हो जाता है।

नायडा के इन स्वरूपों के अतिरिक्त कुछ अन्य विद्वानों की राय में सारानुवाद, भाष्यानुवाद, रूपानुवाद, भाषांतर अनुवाद आदि अनुवाद के अनेक स्वरूप निर्धारित करने का प्रयास किया गया है। लेकिन किसी भी विचारक के मत को श्रेष्ठ अनुवाद की कसौटी पर कसा जाना आज तक सम्भव नहीं हो पाया है। फिर भी इन विचारकों के मतों के आधार पर अनुवाद के स्वरूप को चार भागों में विभाजित किया जा सकता है- एक तो यह कि 'अनुवाद अर्थ का अंतरण' है, दूसरे वह 'मूलतः व्याख्या' है, तीसरे 'सांस्कृतिक संदर्भों का पुनःसृजन' है और चौथे वह 'मूल का समतुल्य प्रस्तुतीकरण' है।

जहाँ तक अनुवाद की आवश्यकता का प्रश्न है तो इस निर्विवाद रूप से कहा जा सकता है कि वह तो सार्वकालिक और सार्वभौमिक है। अनुवाद की आवश्यकता का अनुमान लगाने की दिशा में सर्वप्रथम इस 'सत्य' पर ध्यान दिया जाना अति आवश्यक है कि संसार में 3000 से भी अधिक भाषाएं, उपभाषाएं तथा बोलियां बोली जाती हैं और भाषा का ज्ञान अर्जित करने की आवश्यकता होती है। किसी भी भाषा का ज्ञान (यहां तक कि मातृभाषा भी) प्राप्त करने के लिए निरंतर अभ्यास परिश्रम, अनुकरण, परिवेश, शिक्षा आदि की आवश्यकता रहती है, और भाषा का दक्षतापूर्ण प्रयोग करने के लिए 'समय-निवेश' की भी अपेक्षा रहती है। अतः सभी व्यक्तियों के लिए सभी भाषाएं सीख पाना असंभव है। व्यक्ति अध्ययन के द्वारा कुछ भाषाओं का ज्ञान अवश्य प्राप्त कर सकता है, परन्तु यह भी सभी व्यक्तियों के लिए संभव नहीं हो सकता। इस प्रकार से कोई 'भाषा समाज' तथा उसके सभी सदस्य अपनी भाषा के अतिरिक्त अन्य भाषा को पूर्ण रूप से (यहां पूर्णतः से तात्पर्य भाषा के दक्षतापूर्ण प्रयोग से है) जान नहीं सकते। इस प्रकार से इस भाषागत समस्या का समाधान 'अनुवाद' के माध्यम से सरलतापूर्वक किया जा सकता है। समाज तथा ज्ञान-विज्ञान के विविध क्षेत्रों में अनुवाद के बहुआयामी बहुपयोगी तथा बहुस्तरीय महत्व को संक्षेप में इस प्रकार से रेखांकित किया जा सकता है -

विभिन्न भाषा समाजों के संपर्क सेतु के रूप में

अनुवाद के महत्व का यह सर्वाधिक महत्वपूर्ण पक्ष है। 'अनुवाद' के अस्तित्व का शायद यही एक कारण रहा होगा। जब किसी व्यक्ति का किसी भाषा-समुदाय में प्रवेश

हुआ होगा तब उसे अपनी भाषा के अतिरिक्त अन्य किसी भाषा के ज्ञान की आवश्यकता अनुभव हुई होगी। अनुवाद का सबसे बड़ा लाभ एवं भूमिका यही है कि वह विभिन्न भाषा-समाजों के बीच संपर्क सेतु का कार्य करता है और यह संपर्क बहुआयामी तथा बहुस्तरीय हो सकता है। भिन्न-भिन्न भाषाएं बोलने वाले व्यक्तियों के बीच भाव-विचार विनिमय अनुवाद के माध्यम से सरलता परन्तु प्रभावी ढंग से हो सकता है। क्योंकि अनेक भाषाएं (अपनी भाषा के अतिरिक्त) जानना सभी व्यक्तियों के लिए न तो संभव ही है और न ही सरल, अतः इस स्थिति में अनुवाद एक सर्वश्रेष्ठ विकल्प के रूप में मनुष्य समाज के समक्ष उपस्थित होता है। अनुवाद विभिन्न भाषियों के बीच संवाद की प्रक्रिया अत्यंत सरलता से स्थापित कर देता है। 'अनुवादक' इस प्रक्रिया में दुभाषिए तथा भाषिक सेतु की भूमिका में सक्रिय रहता है।

अंतर्राष्ट्रीय साहित्य एवं शिक्षा के क्षेत्र में

आधुनिक युग में सूचना-विनिमय अनेक क्षेत्रों में अनिवार्य हुआ है। अब धीरे-धीरे राष्ट्रीय अंतर्राष्ट्रीय की अवधारणा अप्रसांगिक होती जा रही है। शिक्षा एवं साहित्य के अध्ययन-अध्यापन की इच्छा धीरे-धीरे बढ़ती जा रही है इस प्रक्रिया में भाषा एक बड़ी बाधा है और इस बाधा को दूर करने के लिए अनुवाद का महत्व असंदिग्ध है। शिक्षा के क्षेत्र में अनुवाद ने ज्ञान-विज्ञान की भाषिक सीमाओं को पूरी तरह से समाप्त कर दिया है। अनेक विषयों की महत्वपूर्ण पुस्तकें एवं सूचनाएं अनुवाद के माध्यम से विश्व की प्रमुख भाषाओं में उपलब्ध होने लगी है। अनुवाद के कारण ज्ञान की सार्वभौमिकता की कल्पना अब साकार होने लगी है। विश्व के देशों की सरकारों ने पुस्तकों के अनुवाद के लिए अनेक योजनाएं बनाकर अनुवाद को प्रश्रय-प्रोत्साहन देने का कार्य किया है।

इसी प्रकार से साहित्य भी किसी समाज विशेष की संपत्रि न होकर पूरे मानव-समाज की धरोहर माना जाता है, कारण - मानव की भावनाएं, अनुभूतियां, रागात्मक कृतियां लगभग एक समान है और साहित्य इन्हीं तत्वों की सरस व्याख्या (अभिव्यक्ति) माना जाता है अंतर है तो केवल अभिव्यक्ति की शौली का। संपूर्ण मानव जाति के साहित्य को अनेक भाषा भाषियों को पहुंचाने के लिए 'अनुवाद' का प्रयोग अनिवार्य है। संसार की विभिन्न भाषाओं के श्रेष्ठ साहित्यिक ग्रंथों को संपूर्ण मानव जाति की विरासत बनाने का श्रेय अनुवाद एवं अनुवादकों को ही जाता है। साहित्य के माध्यम से ही हम किसी समाज की रुचियों-अभिरुचियों से परिचित हो सकते हैं। अनुवाद ने इस दृष्टि से विभिन्न समाजों

को परस्पर जोड़ने का शुभ कार्य किया है। इस प्रकार हम देखते हैं कि अनुवाद शिक्षा एवं साहित्य के अध्ययन-अध्यापन के क्षेत्र में विशेष रूप से उपयोगी है।

राजनायिक-कूटनीतिक क्षेत्रों में

भूमंडलीकरण के इस युग में अंतर्राष्ट्रीय संबंधों में अनेक प्रकार की जटिलताएं आ जाने के कारण अनेक प्रकार की स्थितियों ने जन्म ले लिया है। किसी भी देश के लिए कूटनीतिक-राजनीतिक संबंध विशेष रूप से महत्वपूर्ण हो गये है और इस क्षेत्र की इन नई स्थितियों में अनुवाद की भूमिका एवं उसका महत्व भी दिन-प्रतिदिन बढ़ता ही जा रहा है। विभिन्न देशों के दूतावासों में अनुवादकों की भूमिका एवं अपरिहार्यता एक 'सत्य' बन चुकी है। किसी देश में क्षण-प्रतिक्षण होने वाली गतिविधियों घटनाओं एवं परिवर्तन की जानकारी प्राप्त करने के लिए उपलब्ध अनुवाद की सहायता अत्यंत लाभ सिद्ध होने लगी है। किसी देश के समाज में बदलते परिवेश, परिवर्तनों का ज्ञान प्राप्त करने के लिए अनुवाद की प्रक्रिया अत्यंत आवश्यक है क्योंकि भाषा को जाने बिना किसी समय को नहीं समझा जा सकता। इसके साथ ही अपनी स्थिति, अपेक्षाएं आदि दूसरे समाज में प्रभावशाली ढंग से पहुंचाने के लिए उसी समाज की भाषा में अभिव्यक्ति एक बेहतर विकल्प है और इस स्थिति में भी हमें अनुवाद का आश्रय लेना ही पड़ता है। इसी कारण विदेश सेवा के अधिकारियों कर्मचारियों को विदेशी भाषाओं के शिक्षण की व्यवस्था विभिन्न देशों की सरकारों द्वारा की जाती है।

औद्योगिक विकास एवं आदान-प्रदान के क्षेत्र में

भूमंडलीकरण के इस दौर में व्यापार तथा औद्योगिक विकास ने भौगोलिक राजनैतिक तथा सामाजिक सीमाओं को अप्रासंगिक बना दिया है और ये सभी सीमाएं दिन-प्रतिदिन टूटती ही जा रही है। औद्योगिक विकास को उपेक्षित कर पाना किसी भी राष्ट्र अथवा समाज के लिए न तो संभव ही रह गया है और न ही लाभकारी। राजनयिक एवं राजनीतिक संबंधों में आर्थिक पक्ष को अधिक महत्व दिया जाने लगा है। अनुवाद भी इस दौर मे औद्योगिक विकास तथा आदान-प्रदान में मध्यस्थ के रूप में सक्रिय है। इस दृष्टि से देखा जाए तो अनुवाद आर्थिक क्षेत्र में भी 'सृजनात्मक शक्ति' के रूप में हमारे समक्ष आता है। विभिन्न आर्थिक एवं औद्योगिक गतिविधियों के संचालन तथा निष्पादन में अनुवाद तथा अनुवाद की महत्वपूर्ण भूमिका रहती है।

ज्ञान-विज्ञान के क्षेत्र में

आधुनिक दौर ज्ञान-विज्ञान का दौर है। ज्ञान-विज्ञान के बिना मानव समाज की प्रगति तो क्या गति की कल्पना भी अर्थहीन एवं कल्पना कही जा सकती है। ज्ञान-विज्ञान का क्षेत्र अत्यंत विस्तृत, गहन, सूक्ष्म एवं परिवर्तनशील है। नित नई-नई खोजों-अविष्कारों की जानकारी को अपडेट रखना अति आवश्यक है। इस संदर्भ में अनुवाद की भूमिका और अधिक महत्वपूर्ण हो जाती है। विश्व के विभिन्न देशों में होने वाले अविष्कारों, खोजों तथा उपलब्धियों से संपूर्ण मानव समाज से अवगत करवाने का दायित्व अनुवाद का ही है। भाषा-भाषाओं की सीमा तोड़कर अनुवाद ज्ञान-विज्ञान को सर्वभौमिक बना देता है, यही अनुवाद की महानता है और कदचित इसी कारण से अनुवाद को एक विज्ञान के रूप में मान्यता प्रदान की गई है।

सूचना एवं मनोरंजन के क्षेत्र में

सूचना एवं मनोरंजन की आधुनिक युग की एक अनिवार्यता बनकर एक उद्योग, एक तंत्र तथा एक संस्था के रूप में परिणत हो चुके हैं। सूचनाओं के प्रवाह तथा विनिमय के क्षेत्र में तो अनुवाद एक अपरिहार्य प्रक्रिया के रूप में उभरता हैं। मनोरंजन के क्षेत्र में भी अनुवाद ने अपनी अनिवार्यता सिद्ध कर दी है। सिनेमा के क्षेत्र में तो अनुवाद के विभिन्न समाजों की कलात्मक, सांस्कृतिक, अभिरुचियों, परंपराओं तथा विशेषताओं को विभिन्न भाषा समाजों तक पहुंचाया है। अनेक उत्कृष्ट फिल्में, नाटक, एनीमेशन फिल्म तथा साहित्यिक कृतियां लगभग सभी प्रमुख भाषाओं में अनुवाद के कारण उपलब्ध हैं। अनुवाद ने मनोरंजन के क्षेत्र को एक नवीन दिशा एवं महत्व प्रदान किया है।

मीडिया एवं जन संचार के क्षेत्र में

आधुनिक युग में मीडिया तथा जनसंचार ने जीवन के प्रत्येक क्षेत्र में हस्तक्षेप किया है। मानव समाज की समस्त गतिविधियां धीरे-धीरे मीडिया एवं जनसंचार के क्षेत्र में अधिकाधिक आश्रित होती जा रही है। सूचनाओं का आदान-प्रदान, शिक्षा का प्रचार-प्रसार, सरकारी योजनाएं, सरकार-जनता के संबंध, मनोरंजन, उद्योग-व्यवसाय, राजनीति-कूटनीति सभी क्षेत्र मीडिया एवं जनसंचार के बिना अपने लक्ष्यों को प्राप्त नहीं कर सकते। मीडिया (पत्रकारिता) के क्षेत्र में अनुवाद का महत्व भूमंडलीकरण के संदर्भ में विशेष रूप

से उल्लेखनीय है। विश्व की समस्त (विभिन्न) गतिविधियों की जानकारी बहुभाषी मनुष्य समाज में संप्रेषित कर पाना 'अनुवाद' के बिना संभव नहीं है। एक भाषा के दूसरी भाषा में समाचारों का अनुवाद, समाचार एजेन्सियों में अनुवाद की अनिवार्यता, टेलीविज़न-रेडिया जैसे जनसंचार माध्यमों की सामग्री का विभिन्न भाषाओं में उपलब्ध होना अनुवाद की 'कृपा' मानी जा सकती है।

जनसंचार का मूलभूत उद्देश्य जन-जन के बीच विचारों की साझेदारी / सार्वजनिकरण है और इस उद्देश्य को प्राप्त करने के लिए उसे भाषा के साथ-साथ अनुवाद का सहारा भी लेना पड़ता है। अतः इस बहुउद्देश्यीय प्रक्रिया में अनुवाद की महत्वपूर्ण भूमिका माना जा सकता है।

शिक्षा के प्रचार-प्रसार में

भाषा संप्रेषण का तथा शिक्षा विकास एवं विवेक की आधारभूत शर्त है। शिक्षा के प्रचार-प्रसार तथा अपने 'अनुवाद' की विशेष रचनात्मक भूमिका रहती है। मानव-समाज में जहां कहीं भी, किसी भी काल में, कोने में उत्कृष्ट, श्रेष्ठ अनुकरणीय तथा अर्जन योग्य हैं, जन-जन तक पहुंचाने में अनुवाद आशातीत रूप से सहायक सिद्ध हो सकता है। ज्ञान को भाषा की सीमा पार करने की भक्ति अनुवाद ही प्रदान कर सकता है। शिक्षा के प्रचार-प्रसार में अनुवाद की महत्ता को समझना ही होगा तथा इस विज्ञान का प्रयोग शिक्षा-व्यवस्था को अधिक श्रेयस्कर बनाने के लिए किये जाने की आवश्यकता है। अनुवाद के महत्व को शिक्षा के क्षेत्र में स्वीकार करके ही हम एक शिक्षित मानव जाति की स्थापना के स्वप्न को साकार कर सकते हैं।

इस प्रकार से यदि देखा जाये तो अनुवाद के महत्व पर महाकाव्य लिखे जा सकते हैं। जीवन-समाज मे जहां-जहां भी भाव हैं, विचार हैं, संवाद हैं वहाँ-वहाँ अनुवाद उपस्थित है। अतः अनुवाद का महत्व ज्ञान-विज्ञान की अन्य किसी विधा से किसी भी प्रकार से कम नहीं है बल्कि यह कहना गलत न होगा कि यदि भाषा संप्रेषण की धुरी है तो अनुवाद भाषाओं की धुरी है। अनुवाद का महत्व प्रतिदिन बढ़ता ही जाएगा। डॉ. पी. गोपीनाथ ने अपनी पुस्तक अनुवाद सिद्धांत और प्रयोग में अनुवाद के महत्व को प्रतिपादित करते हुए लिखा है- "विकासशील देशों के लिए पाठ्य ग्रंथ-निर्माण में भी अनुवाद का ही सहारा लिया जा रहा है अर्थात वैज्ञानिकों, तकनीकी विशेषज्ञें, राजनीतिज्ञों, कूटनीतिज्ञों और पत्रकारों का काम अनुवाद के बिना असंभव सा बन गया है।"

अनुवाद का व्यावसायिक परिदृश्य

चूंकि अनुवाद की आवश्यकता ज्ञान-विज्ञान, शिक्षा, व्यापार आदि सभी क्षेत्रों में रहती है अतः इस परिप्रेक्ष्य में अनुवाद एक बेहतर व्यवसाय के रूप में उभर रहा है। पेशेवर अनुवादकों का महत्व और मांग दिन-प्रतिदिन बढ़ती ही जा रही है। अनुवाद एक ऐसे लाभकारी सेवा विकल्प के रूप में उभर रहा है जिसमें जोखिम की मात्रा के अनुपात में लाभ की संभावना अधिक रहती है, साथ ही इसमें स्वायत्तता एवं स्वतंत्रता का भी अवकाश अन्य व्यवसायों की तुलना में अधिक रहता है। इस अनुवाद को व्यवसाय के रूप में चुनने का एक रचनात्मक पक्ष यह भी है कि इसमे अकादमिकता एवं ज्ञानात्मकता का संस्पर्श भी रहता है। आय के साथ-साथ ज्ञानार्जन इसका एक अतिरिक्त लाभ माना जा सकता है।

आधुनिक युग में अनुवादकों की माँग इस कदर बढ़ गई है कि अच्छे अनुवादकों को तो उनकी इच्छानुसार वेतन भी दिया जाता है। यहाँ तक की कई अनुवादकों को तो भारत के विश्वविघालयों के कुलपतियों से भी अधिक वेतन मिलता है। विशेष रूप से 'संयुक्त राष्ट्र संघ' द्वारा सभी देशों के संगठनों के आधार पर उनकी संस्कृतियों को एक-दूसरे तक पहुँचाने के लिए अनेक अनुवाद किए जाते हैं। उनकी सभी रिपोर्टों के अनुवाद विश्व की अधिकांश भाषाओं में प्रकाशित किए जाते हैं। इस समय भारत में कार्यरत विश्व के देशों के दूतावासों से हिन्दी पत्रिकाओं का प्रकाशन भी होने लगा है। जिससे वे भारत में रहकर अपने देश के सांस्कृतिक एवं राष्ट्रीय महत्त्व को सभी लोगों तक पहुँचा सकें। ऐसे में इन दूतावासों को भी श्रेष्ठ अनुवादकों की आवश्यकता पड़ती है।

प्रकाशन-व्यवसाय में भारत की भूमिका निस्संदेह बढ़ती जा रही है। इस व्यवसाय में अनेक विषयों की पुस्तकें किसी एक भाषा में होने के कारण उनके अनुवाद द्वारा सभी भाषाओं के लोगों तक पहुँचाने का कार्य सहजता से किया जा सकता है। इसलिए प्रकाशक अपने प्रकाशन संस्थानों में मुँह माँगे वेतनों पर अनुवादकों को रखते हैं। विषय-विशेष की किसी पुस्तक के अनुवाद के लिए वे बाहर से विशेषज्ञों द्वारा भी अनुवाद कार्य करवाते हैं। इतना ही नहीं भारतीय ज्ञानपीठ जैसी संस्थायें जो साहित्यिक पुस्तकों को पुरस्कृत करने के साथ-साथ उन्हें सभी भारतीय भाषाओं में प्रकाशित करवाकर उनका प्रचार-प्रसार भी करती हैं। इस तरह से भारतीय ज्ञानपीठ को भी भारतीय भाषाओं के अच्छे अनुवादकों की आवश्यकता लगातार बनी रहती है।

अनेक धार्मिक संस्थायें अपने धर्म और उसके विचारों के प्रचार-प्रसार के लिए जिस सामग्री का प्रकाशन करती हैं उन्हें वे एक-भाषा में न छपवाकर अनेक भाषाओं में छपवाती हैं जिससे सभी क्षेत्रों, राज्यों एवं देशों के लोग उनके धर्म से परिचित हो सके। ऐसी संस्थायें आर्थिक दृष्टि से मजबूत होने के कारण अच्छे अनुवादकों को अधिक वेतन देकर अपने धार्मिक ग्रंथों के अनुवाद विभिन्न भाषाओं में करवाती हैं।

भारत तो एक ऐसा देश है जिसमें विभिन्न भाषाओं के लोग एक-साथ रहते हैं। ऐसे में इन सभी भाषाओं के मध्य विभिन्न भाषायें होने के बावजूद भी सांस्कृतिक एकता है। उसी सांस्कृतिक एकता को बनाए रखने और विभिन्न राज्यों की क्षेत्रीय संस्कृति को समूचे भारत तक पहुँचाने के लिए राज्य-सरकारें भी अनुवाद का सहारा ले रही हैं। अनुवाद के माध्यम से ही वे अपने राज्य की क्षेत्रीय संस्कृति, साहित्य और विशिष्टताओं का प्रसार कर पाती हैं। राज्य-सरकारों के विभिन्न मंत्रालयों एवं विभागों में भी इसी कारण अनुवादकों के अनेक पद सर्जित किए जा चुके हैं।

इस तरह देखा जाए तो अनुवाद का व्यावसायिक महत्त्व किसी भी प्रकार से राष्ट्रीय या सांस्कृतिक महत्त्व से कम नहीं आँका जा सकता। इसकी व्यावसायिक उपयोगिता के चलते ही आजकल विभिन्न संस्थायें अनुवाद के पाठ्यक्रमों को ध्यान में रखकर प्रमाण-पत्र या उपाधियाँ प्रदान कर रही हैं। जहाँ अनुवाद के सैद्धांतिक और व्यावहारिक दोनों ही पक्षों पर गम्भीरता से प्रकाश डाला जाता है। ये संस्थायें अपने यहाँ से प्रशिक्षण प्राप्त किए विद्या र्थियों को रोजगार भी उपलब्ध करवाती हैं। इसलिए अनुवाद के व्यावसायिक रूप की सार्थकता को आज के युग में नकारा नहीं जा सकता।

इस प्रकार स्पष्ट है कि भाषा विशेष की सीमाओं के कारण अनेक भाषाएं मनुष्य समाज में बोली जाती है इसी कारण संवाद तथा संप्रेषण की क्षमता एक सीमा के रूप में (इसे समस्या भी कहा जा सकता है) हमारे समक्ष आती है और इसी समस्या का अचूक समाधान या रामबाण बनकर हमारे समक्ष उभरता है - 'अनुवाद'। अनुवाद संप्रेषण का वह अमूल्य-अचूक अस्त्र-शस्त्र है जो विभिन्न भाषाओं की संवादहीनता और संप्रेषणविहीनता को नष्ट करके भाषाओं को एक दूसरे के निकट लाता है ठीक उसी पुल (सेतु) की तरह, जो नदियों के दो किनारों को एक दूसरे से जोड़कर दोनों ओर बसे लोगों (जनसाधारण) को सहज रूप से बारम्बार आर-पार जाने की सुविधा उपलब्ध कराता है। 'अनुवाद' की महत्ता वैज्ञानिक साधनों से किसी भी प्रकार से कम नहीं आंकी जा सकती।

अध्याय-2

अनुवाद की उपादेयता और भूमिका

डॉ. उषा दुबे

अच्छी रचनाओं एवं कृतियों की एक-दूसरी भाषा में परस्पर आवाजाही होते रहने से पाठकों को दुर्लभ लाभ अर्जित होता है। मूल भाषा की कृति की प्राकृतिक अवस्था को विचलित किए बगैर जब अनूदित रचना प्राप्त होती है तो उसका पाठकीय आस्वाद कुछ और ही होता है। हिंदी में अनेक भाषाभाषी अनुदित रचनाएं मौजूद हैं जो हमें अन्य क्षेत्रीय अथवा विश्वसनीय साहित्य एवं ज्ञान-विज्ञान से जोड़े रखती है।

संस्कृत भाषाकोष में अनुवाद कार्य की दो परिभाषाएं मिलती हैं। पहली परिभाषा है- 'प्राप्यस्य पुनः कथने' अर्थात् जो पहले से प्राप्त कथन है उसे दोबारा कहना। जबकि दूसरी परिभाषा 'ज्ञातार्थस्य पादने' का मतलब होगा- ज्ञात अर्थ का प्रतिपादन करना। न्यायसूत्र और निरुक्त में भी अनुवाद शब्द का निहितार्थ दोबारा कहने के लिए ही हुआ है। संस्कृत साहित्य में अनुवाद शब्द का प्रयोग कथनभंगिमा के अनुरूप पुनः कथन के लिए ही किया जाता था। तब अनुवाद का अर्थ यह नहीं था कि संस्कृत वाक्य को इतर भाषा में पुनः प्रस्तुत करने की कला को अनुवाद मान लिया जाए। ऐसी प्रक्रिया को तब 'टीका' या 'भाष्य' कहा जाता था। जिन दिनों में संस्कृत भाषा का वर्चस्व था उस अवधि में अनुवाद करने की आवष्यकता ही नहीं थी। काल के प्रवाह में जब फारसी का प्रचलन हुआ तब अनुवाद शब्द का 'तुर्जमा' कहकर, पुकारा जाने लगा। हिंदी के इस अनुवाद शब्द का अनुवाद अब अंग्रेजी के 'ट्रांसलेषन' शब्द के अनुरूप प्रयुक्त होता है। अंग्रेजी का ट्रांसलेषन शब्द लैटिन भाषा से आया है। लैटिन में इस शब्द की व्युत्पत्ति 'ट्रांसलेटम' से हुई है। ट्रांसलेटम शब्द, दरअसल दो शब्दों का संयुक्त रूप है। ये दो शब्द हैं ट्रांस लेटम। यहां 'लेटम' शब्द का अर्थ है 'ले जाना' और 'ट्रांस' का मतलब है - 'उस पार' या 'दूसरी ओर'। इस तरह 'ट्रांसलेशन' का अर्थ हुआ एक भाषा के शब्द को दूसरी भाषा में ले जाना। तात्पर्य यह कि

जब एक भाषा के शब्द के अर्थ को दूसरी भाषा के शब्द (जो लगभग वही अर्थ ध्वनित करता है) तक रूपांतरित भाषा में ले जाते हैं तब यह कार्य अनुवाद कहा जाता है। यह अत्यधिक दुस्तर कार्य है इसलिए कि भाषा, देषकाल, परिस्थिति, एवं हर भूखंड विषेष की अपनी परंपरा और उससे उद्भूत सामूहिक संवेदना का दस्तावेज होती है।

अर्थ, शब्द की शक्ति है मगर अर्थ भी बहुआयामी होता है। यह सिर्फ अभिधा तक ही सीमित नहीं, वह लाक्षणिक भी होता है, वह कहीं-कहीं व्यंजक अर्थ भी देता है। इसीलिए प्रायः होता यह है कि भाषिक अनुवाद याकि अभिधात्मक अनुवाद करना तो सरल होता है मगर जब शब्द की ध्वन्यात्मक अर्थछवि को दूसरी भाषा तक ले जाने की चुनौती सामने हो तो हमें ट्रांसक्रिएशन का सहारा लेना पड़ता है।

अनुवाद कार्य जितना कष्टसाध्य है उतना उपादेय भी। सार्थक एवं सफल अनुवाद हो तभी पाता है जब अनुवादक को दोनों भाषाओं की भरपूर जानकारी हो। कई बार तो जानकारी होते हुए भी एक भाषा की काव्यात्मक भंगिमा को दूसरी भाषा तक ले ही नही जाया जा सकता। उदाहरण के लिए 'झीनी-झीनी बीनी रे चदरिया' को हम किसी भी भाषा में कैसे अनूदित करेगें। कबीर की इस पंक्ति का शब्दषः अनुवाद कर पाना तो कठिन नहीं मगर इस पंक्ति में अपने देष की जिस सामूहिक अवधारणा एवं जिस दार्शनिक निकाय की अनुगूंज निहित है उसका खुलासा करने के लिए हमें एक विस्तृत पादटिप्पणी भी देनी होगी।

अनुवाद के ही संदर्भ में एक तथ्य यह भी ध्यातव्य है कि हिंदी की संयुक्त क्रियाएं अन्य भाषाओं में शायद नहीं ही मिलती। उदाहरण के लिए - वह उठ बैठा, वह चल पड़ा, वह सोते-सोते खर्राटे भरने लगा आदि। इसी तरह हिंदी में एक ही स्थिति का वर्णन, अर्थ तो एक समान ही देता है किंतु अनुवाद करते समय दूसरी भाषा में वहीं अर्थ व्यंजित हो भी पाएगा, यह जरूरी नहीं। उदाहरण के लिए: वह ईश्वर को प्यारा हो गया, उसे भगवान ने बुला लिया, वह हमारे बीच नहीं रहा, वह मर गया, उसके दिन पूरे हो गए, उसका पार्थिव शरीर पंचतत्व में विलीन हो गया आदि। यही कठिनाई मुहावरों के साथ भी है। हिंदी के अनेक मुहावरों का समानार्थी मुहावरा तो अंग्रेजी में मिल जाता है। मगर बहुतेरे ऐसे हैं जो सीधे-सीधे देश की पारंपरिक अवधारणाओं एवं संस्कृति के विभिन्न आयामों से जुड़े हैं। इन मुहावरों एवं लोकोक्तियों को दूसरी भाषा में अनूदित किया ही नहीं जा सकता। जैसे - सावन के अंधे को हरा-हरा सूझे, पांव में सनीचर, घर का भेदी लंका ढावे आदि।

विदेषी भाषा में अनुवाद विषय अत्यधिक विस्तीर्ण एवं बहुआयामी है। विशेष रूप से कविता का अनुवाद। उमर खैयाम की अंग्रेजी में अनूदित चार पंक्तियाँ हैं -

Dreaming when dawn' left hand
was in the sky
I heard a voice within the tavern cry,
Awake my little one's
and fill the cup
Before life's liquor in its cup be dry.

Fitzerald

इन्हीं पंक्तियों का हिन्दी अनुवाद विभिन्न कवियों ने इस प्रकार किया है

उषा ने ले अंगड़ाई हाथ
दिए जब नभ की ओर पसार,
स्वप्न में मदिरालय के बीच
सुनी तब मैने एक पुकार-
उठो मेरे शिशुओं नादान
बुझा लो पी-पी मदिरा भूख
नहीं तो तन-प्याली की शीघ्र
जाएगी जीवन मदिरा-सूख।

-बच्चन

इन्हीं भावों को सुमित्रानंदन पंत ने इस प्रकार व्यक्त किया है –

खोलकर मदिरालय का द्वार
प्रात ही कोई उठा पुकार,
मुग्ध श्रवणों में मधुरव घोल,
जाग उन्मद, मदिरा के छात्र।
ढुलक कर यौवन मधु अनमोल
शेष रह जाय नहीं मृद् मात्र
ढाल जीवन मदिरा जी खोल
लबालब भर ले उर का पात्र।

-सुमित्रा नंदन पंत

ये उदाहरण काव्यानुवाद के है।

आज वैज्ञानिक, औद्योगिक, वाणिज्यिक और प्रशा-सनिक आदि सभी आवश्यकताओं की पूर्ति के लिए भाषा का जो रूप उभर रहा है, वह 'प्रयुक्ति' के रूप में ही विकसित हो रहा है। यहाँ तक कि 'वैज्ञानिक हिंदी', 'वाणिज्यिक हिन्दी', 'कार्यालयीन हिंन्दी' जैसे शब्दों का प्रयोग हो रहा है। इन विषयों से सम्बद्ध विचारणाओं और धारणाओं को व्यक्त करने में सक्षम हिन्दी का रूप प्रयोजन विशेष के लिए प्रयुक्त रूप को सामने ला रहा है। विषय-विशेष से सम्बद्ध शब्दावली की संरचना हो रही है। नवीन शब्दों के साथ-साथ संरचना भी प्रभावित होती ही है। वैज्ञानिक विषयों को तटस्थता से व्यक्त करने के लिए कर्मवाच्य और भाववाच्य संरचनाएँ ही अधिक उपयुक्त हैं। तात्पर्य यह कि वैज्ञानिक, औद्योगिक, वाणिज्य विशयक, तकनीकी, प्रशासनिक आदि क्षेत्रों/विषयों में प्रयुक्त हिन्दी भाषा के विविध रूप, 'प्रयोजनमूलक हिन्दी' के ही विविध रूप हैं, जिनकी शैली सामान्य भाषा की शैली से भिन्न होती है। प्रयोजनमूलक हिन्दी और अनुवाद के बीच बहुत करीबी रिश्ता है। दोनों के बीच अन्योन्याश्रित संबंध है। साफ शब्दों में, हिन्दी प्रयोजनीयता में अनुवाद की बहुत बड़ी भूमिका होती है, वह इसलिए कि प्रयोजनमूलक के विभिन्न रूपों के अध्ययन में अनुवाद ही बहुत सक्षम-समर्थ सिद्ध होता है। हम जानते हैं कि प्रयोजनमूलक का एक स्वरूप व्यावहारिक हिन्दी का भी है, अतः व्यवहार के स्तर पर हम आज अनुवादाश्रित हो गए हैं। शायद ही जीवन का कोई ऐसा क्षेत्र हो, जिसमें अनुवाद की उपादेयता प्रमाणित न की जा सके। अपरिहार्य तौर पर अनुवाद एक व्यापक और प्रासंगिक स्थिति है। इसलिए यह सर्वथा स्वाभाविक ही है कि नए संसाधनों के विकास और व्यापकतर मानवीय संपकों के संदर्भ में अनुवाद के महत्व, प्रासंगिकता और भविष्य का अनुशीलन किया जाए। संसार भर में प्रयुक्त पाँच हजार से अधिक भाषाओं और बोलियों के बीच वैचारिक, सर्जनात्मक और कार्यात्मक तालमेल स्थापित रखने के लिए अनुवाद ही सर्वाधिक लोकप्रिय एवं उपयोगी माध्यम बन गया है। अब से दो सौ वर्ष पहले अनुवाद और इससे जुड़े लोगों को दोयम दर्जे का स्थान प्राप्त था, लेकिन आज अनुवाद की बहुआयामी उपादेयता ने सारा नक्षा ही बदल दिया है। यह अनुवाद का ही चमत्कार है कि अन्तर्राष्ट्रीय साहित्य का अध्ययन और अध्यापन भारतीय भाषाओं में संभव हुआ है।

विश्व के मानचित्र पर आज ज्ञान-विज्ञान के क्षेत्रों का, नए-नए क्षितिज का विस्तार हुआ है। कृषि, चिकित्सा, व्यापार, उद्योग, अभियांत्रिकी, शिक्षा, प्रशासन, साहित्य, संस्कृति के विविध क्षेत्रों में परिवर्तन हुआ और हो रहा है। इतना ही नहीं, पत्रकारिता,

आकाशवाणी, दूरदर्शन, फिल्म, दूरदर्शन आदि तकनीकी संसाधनों ने आज विश्व को 'छोटे ग्राम' के रूप में तब्दील कर दिया है। प्रशासन, विधि, सूचना प्रौद्योगिकी, विज्ञान, कला, संस्कृति, तकनीकी अनुसंधान और व्यापार-व्यवसाय आदि क्षेत्रों में बिना अनुवाद के क्षिप्र गति से प्रगति नहीं हो सकती। इस अनुवाद के माध्यम से ही प्रयोजनमूलक हिन्दी में उक्त सभी क्षेत्रों की पारिभाषिक शब्दावली का आना संभव हुआ है। नए सामाजिक विज्ञानों को पारिभाषिक शब्दावली हो, चाहे विज्ञान, इंजीनियरी खनन या कोई अन्य टेक्निकल (तकनीकी) शब्दावली हो या टेलेक्स, टेलीप्रिंटर, डाकतार से संबंधित शब्दावली हो- इन सभी की सुलभ उपलब्धता अनुवाद के माध्यम से ही प्रयोजनमूलक हिन्दी में हुई है, जिसका उपयोग समय-समय पर केन्द्र सरकार से लेकर प्रदेश सरकार के कार्यालयों, उपक्रमों, निगमों, राष्ट्रीयकृत बैंको, वित्तीय संस्थानों, वैज्ञानिक प्रयोगशालाओं में कार्यरत अधिकारियों और कर्मचारियों के साथ-साथ शोधरत अन्य लोग भी करते रहते हैं। इस प्रकार प्रयोजनमूलक या व्यावहारिक हिन्दी के लिए अनुवाद की भूमिका असंदिग्ध है।

संदर्भ

1. राजभाषा भारती त्रैमासिक पत्रिका में डॉ. श्याम सनेही का लेख, पृष्ठ 9, अक्टूबर-दिसम्बर, 1993, गृह मंत्रालय, दिल्ली।
2. प्रयोजनमूलक हिन्दी- डॉ. बालेन्दु शेखर तिवारी, पृष्ठ 130

अध्याय-3

ज्ञान संसार का शिष्ट संवाहक : अनुवाद

डॉ. अशोक पण्ड्या

ज्ञान सृष्टि का शब्द स्वरूप है जो ध्वनि और लिपि के माध्यम सतत उद्भवत: आद्यांत अनुशील है तो अनुवाद उसका शिष्ट संवाहक। आज जिसे हम गति, प्रगति, शिखर और आधुनिक कहते हैं, वह सब इसी अनुवाद का अनुग्रह और सुखद परिणाम है। दूसरे शब्दों में ज्ञान या समझ अनुवाद की नौका पर बैठ कर ही आधुनिकता का विशाल सागर पार कर पाया है।

सामान्य भाषा में अनुवाद को हम किसी भाषा विशेष के सृजन को उसके मूल स्वरूप सहित दूसरी भाषा में पोषित करने के क्रियान्वयन के रूप में समझते हैं। प्रायः यह क्रियान्वयन शाब्दिक अथवा लिपि बद्ध होता है जो एक पीढ़ी से दूसरी पीढ़ी और एक देश से दूसरे देशों में स्थानांतरित, हस्तांतरित या व्यवहृत होता है। दोनों ही अवस्थाओं में शब्द ही उसका मूलाधार होता है। यही कारण है, साहित्य से अनुवाद को पृथक नहीं किया जा सकता। दूध में घुली मिश्री को दूध से अलग नहीं किया जा सकता, उसी तरह साहित्य से अनुवाद का मधु भी उससे कभी छीना नहीं जा सकता। यही कारण अनुवाद साहित्य का अक्षत अभिन्न अंग है। शब्द साहित्य का तो साहित्य ज्ञान का आद्य रूप है चाहे श्रव्य साधन हो या पठ्य उपक्रम, मूलतः उसका स्वरूप शब्द ही है।

जिज्ञासा मानवीय स्वभाव है अतः ज्ञानार्जन उसकी आधारभूत आवश्यकता है, इसे कैसे नकारा जा सकता है! दूसरी ओर मनुष्य सामाजिक प्राणी है, इसे समुदाय की आवश्यकता है। यही कारण है आज विश्व कई देशों में बंटा एक विशाल मानुषी परिवार है। जो जहां बसा है, वहीं के अनुरूप ढलना उसकी अपरिहार्यता है। यही कारण है, जीवंत बोलियों की कोख से अनेक भाषाएं जन्म ले प्रचलित और स्थापित हैं। मेरी समझ में यह दौर अभी भी नहीं थमा है। देश 200 और भाषाएं 7000 से भी अधिक होने का कारण

भी यही है।

ज्ञान की भूख के कारण भाषाज्ञता आवश्यक हुई और कारणभूत अनुवाद का जन्म हो गया। आज विश्व का प्रत्येक भाषाई साहित्य दूसरी भाषा का ग्राहक है तो मातृ घटक भी है। वस्तुत: यही वसुधैवकुटुम्बकम् का गूढ़ भी है, जो निक्षेप और ग्रहण दोनों स्वरूप निरुपित करता है तो प्रकारांतर से अनुवाद को जन्म भी देता है। अनुवाद की महत्ता इसी से समझी जा सकती है, जो कल भी आवश्यक थी, आज भी है और कल भी रहेगी। यह न सीमा में बंध सकती है न संख्या में। यही अनुवाद की उपादेयता है।

8,800 से एक लाख श्लोक होते होते जय संहिता भारत में, भारत महाभारतम् में और महाभारतम् महाभारत में प्रादुर्भुत हो गया तो इसका श्रेय अनुवाद के खाते जाने से कौन रोक सकता है? न हम, न समय। यह हमें समझना होगा। वस्तुत: यह अनुवाद का ही अमरफल है। रामायण रामायण और रामचरितमानस में सर्व सुलभ है तो यह अनुवाद का ही सुफल है।

श्रीमद्भागवत गीता के रूप में आसन्न है, कुरान और बाइबिल भी अपने नवरुप में वैश्विक धरोहर हैं तो अनुवाद के सौजन्य को कहां से घटाया जा सकता है। मूल और अनुवाद का यह स्वतंत्र कुंदन स्वरूप ही तो है जिसकी आभा में वैश्विक आभा दमक रही है। मैं यहां यह स्पष्ट कर दूं कि यह कोई धार्मिक या आध्यात्मिक अनुष्ठान या अवसर नहीं है लेकिन उपरोक्त सृजन निर्विवाद विश्व प्रसिद्ध है, इसलिए उद्धृत है।

जहां तक अनुवाद के प्रकार का प्रश्न है, मूलतः इसके दो प्रकार हैं - शब्दानुवाद और भावानुवाद। तथापि जैसे जैसे प्रगति होती गई वैश्विक स्वरूप भी बदलने लगा। तकनीकी और प्रौद्योगिकी विकास के साथ साथ शाब्दिक अनुबंध भी परिवर्तन को प्राप्त हुए तो आधुनिकीकरण के प्रसाद रूप यांत्रिकी अनुवाद का भी जन्म हो गया। आज हम इसी की छाया में जी रहे हैं और लिख रहे हैं तो लिपि बद्ध और प्रकाशित भी हो रहे हैं। परिणाम स्वरूप मानव अनुवाद की श्रेणी भी पीछे छुटती जा रही प्रतीत हो रही है।

शैक्षिक, शैक्षणिक, साहित्यिक, वैधानिक, चिकित्सा, तकनीक, विपणन हर तरफ अनुवाद की आवश्यकता महसूस की जा रही है और यह अनुवाद मृत संजीवनी बन विस्तार को प्राप्त हो रहा है। प्रकारांतर से साहित्यिक और शाब्दिक नव जीवन भी कहा जाने लगा है।

परिवर्तन की इस धारा में भारत को ही केन्द्रित करें तो पाएंगे कि वेद, पुराण, उपनिषद, प्रथम, मध्यम, आधुनिक युगीन साहित्य संस्कृत, तमिल, हिंदी, उर्दू, मराठी, गुजराती, बंगाली और अंग्रेज़ी सहित अनेक भाषाई ज्ञान का शाब्दिक भण्डारण अनुवाद के सहारे

काव्य, कथा, प्रहसन, नाटक, लेख, आलेख, के सरित प्रवाह से लघुकथा, हाइकू, क्षणिकादि अनेक साहित्यिक धाराओं में बहता अनुवाद का यह अनूठा स्वरूप ही है।

आज साहित्य, इतिहास, विज्ञान, तकनीक, जैव, भौतिक, रसायन, भू गर्भ, भू जल, अभियांत्रिकी, उपग्रह, शून्य और जल भेदन आदि समस्त ज्ञान अनुदित हो कर नये आयाम स्थापित कर रहा है तो सर्वसुलभ भी हो गया है और नई पीढ़ी का संबल बन गया है। विख्यात नोबेल पुरस्कार भी अनुवाद की शक्ति को समझ गया है तो अंग्रेजी की परिधि से बाहर आ गया है। इधर संयुक्त राष्ट्र संघ की मान्य भाषाओं का विस्तार भी भाषाई शक्ति का प्रभाव तो है ही, अनुवाद की क्षमता भी उजागर कर रहा है।

यह हास्यास्पद है कि अनुवाद का जन्म चौथी शताब्दी से माना जा रहा है और संत जेरोम (382 ईस्वी) को अनुवाद का जनक कहा जा रहा है। इस स्वीकारोक्ति के साथ कि पूर्व में बौद्ध ग्रंथों का अनुवाद तथा गिलगमेश के महकाव्य 'मेलोपेरिया' तथा भारत में अनुवाद की जड़ों को भी माना गया है। इधर किरमनी मोहन गांगुली को भारत में अनुवाद का जनक माना गया है।

तात्विक दृष्टि से यह स्वीकारोक्ति असहज है क्योंकि ईसा के पहले के हमारे वेद, पुराण, उपनिषद वैदिक संस्कृत और पार्श्व संस्कृत के आयाम लांघ कर सरल भाषाओं में उपलब्ध है। छोड़िए मतांतर को और अनुवाद की नैसर्गिकता को पुष्ट करिये।

सारत: अनुवाद आज की सार्वभौमिक आवश्यकता है और अनुवाद ने इस ज्ञान पताका को फहराने में अप्रतिम योगदान दिया है। अनुवाद कल का क्षितिज है। आइए, इसमें रंग भरें और सतरंगी धनुष प्रतिबिंबित करें।

अध्याय-4

अनुवाद और कृत्रिम मेधा

डॉ. सी. जे. प्रसन्नकुमारी

यह चौथी औद्योगिक क्रांति का दौर है। अब मानव के मस्तिष्क की कार्यप्रणाली का अनुकरण करनेवाली कृत्रिम मेधा विश्व के हर क्षेत्र की प्रगति में अभूतपूर्व योगदान देता दिखाई दे रहा है। विश्व एक ग्लोबल गाँव बन चुका है। ऐसे माहौल में आज अनुवाद का क्षेत्र भी कृत्रिम मेधा के प्रभाव से मुक्त नहीं। अनुवाद एक सांस्कृतिक सेतु है। देश-प्रांत, देश-देश के बीच के संबंध को मज़बूत बनानेवाला एक नाला है अनुवाद जिससे होकर मानवीय संवेदनाओं, संस्कृतियों का बहाव होता रहता है।

विश्व भर में कृत्रिम मेधा का प्रयोग लगभग सभी क्षेत्रों में सफलता से हो रहा है। दुनिया भर में कृत्रिम मेधा के सकारात्मक एवं नकारात्मक प्रभावों की धूम मच रही है। सन् 1955 में जॉन मैकथरी (1927-2011) ने इसे ए.आई पुकारा। जॉन मैकाथी के अनुसार "कृत्रिम मेधा प्रौद्योगिकी का वह क्षेत्र है जो मशीनों को मनुष्य की तरह सोचने और प्रतिक्रिया व्यक्त करने में मदद करने पर केंद्रित है।" उन्होंने इसे बुद्धिमान मशीन बनाने का विज्ञान और इंजनीयरिंग कहा। प्रो. एलन ट्यूरिंग के अनुसार "यदि कोई मशीन मानवीय प्रश्नों का उत्तर उसी प्रकार दे सके जैसा एक मनुष्य देता तो उसे बुद्धिमान कह सकते हैं।" (Computing machinery and Intelligence – Mind Journal 1950) Artificial intelligence शब्द की प्रयुक्ति प्रथम बार 1956 के डार्टमाऊथ सम्मेलन में औपचारिक रूप में की गयी।

कृत्रिम मेधा और साहित्य की चर्चा के संदर्भ में अनुवाद का योगदान ज़्यादा महत्वपूर्ण है। अब हर सितंबर 30 विश्व में अनुवाद दिवस के रूप में मनाया जा रहा है जो अनुवाद की महत्ता की ओर इशारा करता है।

अब भारत की आबादी का 65% ए.आई का उपयोग कर रहे है। यह भी भूल नहीं सकते कि ए.आई के आधार पर काम करनेवाले कम्प्यूटर तो मनुष्य के मस्तिष्क की

उपज हैं। सन् 2000 के बाद के मशीन लेनिंग, बिगडेटा, इंटरनेट प्रसार ने ए.आई को तीव्र रफ्तार प्रदान किया। आजकल chat GPT, स्वचालित वाहन, रोबोटिक चिकित्सारीति, स्मार्ट फॉन, साइबर सेक्यूरिटी – जैसे हर कहीं इसे व्यापक रूप से इस्तेमाल किया जा रहा है। ए.आई मेशीन बिना थके तेज़ी से काम कर रहे हैं कि मौसम, अंतरिक्ष अनुसंधान, नेविगेशन, ऑनलाइन शिक्षा के क्षेत्र तक में आयु, देश, काल की सीमा के परे हर नागरिक को मदद मिलता रहता है। अब विश्व का ज्ञान विज्ञान साधारण की मुट्टी में बिना रोक-टोक के पहुँच सकती है। इसी कारण दैनिक ज़िंदगी सरल बन गयी है। ऐसा कोई क्षेत्र नहीं जहाँ ए.आई की दखल न हो।

साहित्य में भी कृत्रम मेधा का महत्व बढता जा रहा है। कृत्रिम मेधा के सहारे हिंदी साहित्य का अनुवाद अन्य विश्व भाषाओं, प्रांतीय भाषाओं में हो रहा है। यह तो विश्व स्तर पर हिंदी साहित्य की मांग की बढ़ती की ओर संकेत करती दिखाई देती है। यही नहीं अनूदित कृतियों को डिजिटल रूप में सुरक्षित रखकर संरक्षण किया जा सकता है। भाषा शिक्षण के क्षेत्र में ए.आई का उपयोग छात्रों की गति, अवधि एवं लक्ष्य के आधार पर हो सकती है, यह भाषा के अनुवाद में भी उपयोगी बन जाता है। विदेशी भाषाओं को सीखकर, समझकर, शब्दावली का विस्तार कर छात्र विभिन्न शब्दों, उनके अर्थों एवं उनके उपयोग की विस्तृत जानकारी हासिल करता रहता है।

युनस्को के एक रपट की ओर संकेत करते हुए माइक्रोसॉफ्ट के श्री बालेंदु शर्मा दधीच ने कहा कि क्षेत्र जो भी हो कृत्रिम मेधा हिंदी भाषा के स्थायी भविष्य को सुनिश्चित कर सकता है। उनके अनुसार दुनिया की 7200 भाषाओं में लगभग आधी इस शताब्दी के अंत तक विलुप्त हो जाएगी। अगर हम हिंदी को विलुप्त होनेवाली भाषाओं की सूची में देखना नहीं चाहते तो हमें कृत्रिम मेधा को खुले दिल से अपनाना चाहिए। वजह यह है कि भाषाओं के बीच की दूरी को समाप्त करने में सक्षम है प्रौद्योगिकी। आज हम अंग्रेज़ी की प्रधानता से त्रस्त है और कृत्रिम मेधा तथा दूसरी आधुनिक प्रौद्योगिकियाँ अंग्रेज़ी के दबदबे से मुक्त होने में हमारी मदद कर सकती है (आर्टिफिशल इंटलिजेंस, भविष्य का विज्ञान – बालेंदुशर्मा दधीच)। विश्व की विलुप्त होती आदिवासी भाषाओं को ए.आई के माध्यम से बढावा मिलने की संभावना है भी यहाँ द्रष्टव्य है।

साहित्य और संस्कृति के लेन-देन का रास्ता है अनुवाद। स्त्रोत भाषा में व्यक्त विचारों का सहज ढंग से यथासंभव लक्ष्य भाषा में उतारना ही अनुवाद का काम है। विश्व साहित्य के चिरंतन काव्यों, सार्वभौमिक ग्रंथों, प्रचीन भाषाओं की शाश्वत गौरवशाली कृतियों और वर्तमान जगत की बहुमूल्य वैज्ञानिक, तकनीकी समाजशास्त्र संबंधी कृतियों के अनुवाद

के बिना हिंदी ही नहीं, कोई भी भाषा समृद्ध नहीं बन जाएगी। साहित्यिक आदान-प्रदान, वैज्ञानिक ज्ञान का परस्पर सहयोग विश्व की प्रगति के अभिन्न अंग हैं, जो अनुवाद द्वारा ही साध्य बन जाएगा।

एक ज़माने में स्रोत भाषा एवं लक्ष्य भाषा में समान अधिकारवाले भाषा पंडित के अभाव में अनुवाद कार्य में ज़्यादा देरी होती थी। अब तो एक भाषा से अनूदित या अधुनातन शोधों द्वारा रूपायित सामग्री तत्क्षण अपनी-अपनी भाषा में पहुँच जाती है। एक ज़माना था कि रूसी, स्पेनी, फ्रेंच, जर्मन जैसी विदेशी भाषाओं से हिंदी में अनुवाद आसान नहीं था। पहले अंग्रेज़ी में उन सामग्रियों का अनुवाद होता था, फिर अंग्रेज़ी से हिंदी में। उसी प्रकार केरल में बीसवीं शती के मध्य से बंगला से अनूदित उपन्यासों की धूम मच गयी थी। पर उनका अनुवाद सीधे बंगला से मलयाळम में नहीं होता था। पहले बंगला से हिंदी में फिर हिंदी से मलयाळम में अनूदित होता था। अब ए.आई ने इस असुविधा को मिटा दिया है। बंगला से सीधे मलयाळम अनुवाद साध्य बन गया है। यह सुगम अनुवाद ए.आई पर निर्भर है। नये शब्दों के गठन में पारिभाषिक शब्दावली आयोग के कार्य में मदद पहुँचाने में ए.आई काबिल हो गया है। ए.आई के आविष्कार के साथ मेशीनी अनुवाद की प्रासंगिकता बढ गयी है। अब भाषाओं का आपसी संबंध गहरा हो गया है। गूगिल ए.आई अनुवाद ने मशीनी अनुवाद को इतना सरल बनाया है कि हमारे रामायण, महाभारत, वेद, उपनिषद तक में अब केवल भारतीयों की ही नहीं विश्व जनता की पहुँच आसान हो गयी है कि भारत को विश्वगुरु के रूप में पूरे विश्व में मान्यता मिल रही है।

यही नहीं अब हिंदी और विशिष्ट छोटी, मध्यम आकार की भाषाओं पर आधारित मॉडल विकसित हो चुका है, जिनका उपयोग अनुवाद के साथ प्रश्नोत्तर, रचनात्मक लेखन में किया जा सकता है। डिजिटल पुस्तकालय और राष्ट्रीय, अंतर्देशीय मंच ग्रंथों की लभ्यता को सुलभ बनने में काबिल है।

हिंदी संपर्क भाषा, साहित्यिक भाषा है, ज्ञान-विज्ञान की भाषा है, हिंदी से और हिंदी में काफी अनुवाद हो रहा है। ज़माना ऐसा है कि डेढ सौ से ज़्यादा वैश्विक भाषाओं और बीस से ज़्यादा भारतीय भाषाओं के साथ हिंदी के पाठ का दो तरफा अनुवाद संभव है। एलक्सा, गूगिल जैसे डिजिटल सहायकों के साथ हिंदी संवाद हो सकता है जिसके साथ संवाद में अपने प्रश्न का उत्तर ढूँढ़ सकता है। यही नहीं अन्य प्रमुख भाषाओं के साथ हिंदी के गहरे संबंध को विकसित किया जा सकता है। हमारे सांस्कृतिक बोध विश्व स्तर तक पहुँच गये हैं। ज्ञान-विज्ञान संबंधी विषयों के पुस्तकों की कमी को ए.आई की मदद से हिंदी में अनूदित करके हिंदी की समृद्धि हम कर सकते हैं। ए.आई से ऐसा भाषांतरण आसान है।

आजकल अनुवाद लेखन पाठों के विश्लेषण में आसानी आ गयी है। मशीनी अनुवाद ज़्यादा आसान हो गया है। मानव श्रम कम हो गया है। पहले परंपरागत रूप से मनुष्य से जो काम करवाते थे, अब कम समय में ए.आई के सहारे काम की पूर्ति हो रही है। अनूदित सामग्री एवं किताबों की संख्या में बढती हो रही है।

इसके बावजूद भी अनुवाद के संदर्भ में यह ध्यान देने की बात है कि अनुवादक मूल रचनाकार की आत्मा का विस्तार करता है। इसलिए सामान्य रूप से मशीनी अनुवाद सौ फीसदी सही या सफल नहीं है। क्योंकि ए.आई केवल प्रत्यक्ष अर्थ पर ध्यान देता है। जबकि साहित्यिक अनुवाद में मूल कृतिकार की भावनाओं एवं संवेदनाओं का अंकन जिसप्रकार हुआ है उसे ज्यों का त्यों उतारने में ए.आई असमर्थ है। ऐसे अनुवाद में मानवीय संवेदना जो साहित्य की आत्मा है नष्ट हो जाती है। जब तक मनुष्य की भावनाओं अनुभूतियों को समझने की क्षमता मशीन में नहीं है तब तक यह कमी बनी रहेगी। जी.पी.टी सर्वमान्य है Chat GPT में एक फोटो एपलोड करके उसके अनुसार Prompt देने पर वह कविता रचकर देगी। पर यह तो हमारी साहित्यिक संस्कृति की मान्यता के खिलाफ है। ऐसी रचना में जीवंतता का अभाव भी होगा।

अनुवाद में मूल कृति के कथ्य में छेड़छाड़ तथा अवांछित परिवर्तन का अधिकार अनुवादक को नहीं। यही नहीं भाषिक संरचना के साथ बिंब, प्रतीक, मिथक का प्रयोग, धार्मिक समझ सब सफल अनुवादक के लिए आवश्यक है। शब्द चयन एवं बोधगम्यता के साथ जागरूकता भी एक सफल अनुवादक का मूल मंत्र है। हालांकि भारत जैसे बहुभाषी देश में अनुवाद का ज़्यादा महत्व है, ए.आई अनुवाद परियोजनाओं को गुणवत्ता प्रदान करना, सांस्कृतिक संदर्भ को बनाए रखना, मुहावरे, लोकोक्तियों को बरकरार रखना ए.आई के लिए अब भी चुनौती का विषय है। सांस्कृतिक भावात्मक अनुवाद के संदर्भ में स्त्रोत भाषा एवं लक्ष्य भाषा की शैली के साथ, सांस्कृतिक संकेतों एवं सूक्ष्म भावनाओं का शुद्ध अनुवाद अब ए.आई के लिए असंभव सा है।

मलयाळम से हिंदी में अनुवाद करते समय मेरा अपना एक अनुभव बताती हूँ कि मलयाळम शब्द कुटुमा और पूणूल का (कुटुमा तो ब्राहमण के सिर में बांधी बाल की चोटी, पूणूल तो जनेऊ है) मशीन ने अनुवाद किया - चोटी और धागा। सांस्कृतिक चिह्न जनेऊ और चोटी, डोरी और पर्वत की चोटी बन गयी!

चाहिए कि अनुवादक को मूल कृति की विषयवस्तु से तादात्म्य स्थापित करे, यह तो मशीन द्वारा संभव नहीं। यही नहीं सफल अनुवाद तलवार की धार पर चलने के समान साधना साध्य कर्म भी है जिसमें सफलता मशीन केलिए आसान नहीं।

संक्षेप में अनुवाद के संदर्भ में विशेषत: साहित्यिक अनुवाद के, हम ऐसे निर्णय पर पहुँच सकते हैं कि ए.आई द्वारा अनूदित सामग्री की जांच ज़्यादा ज़रूरी है। हालांकि मशीन मानवीय संवेदनाओं को गहराई से समझने में असमर्थ है, लेखन, संपादन, अनुवाद में इसकी अहं भूमिका को हम टाल नहीं सकते। कृत्रिम मेधा अवश्य हिंदी अनुवाद के लिए सहायक एक परिवर्तनकारी शक्ति है। इस प्रौद्योगिकी शक्ति को मानवीय सर्जनात्मकता एवं अनुवाद के पूरक के रूप में प्रयुक्त कर सकते हैं, एक विकल्प के रूप में रखा नहीं जा सकता।

संदर्भ

1. https://journals openediling.net
2. अनुवाद एवं संचार, पूरन चंद टंडन

अध्याय-5

ज्ञान समाज का निर्माण और अनुवाद

प्रकाश काशिव

ज्ञान समाज के निर्माण में अनुवाद की महत्वपूर्ण भूमिका रही है। अनुवाद के बिना विभिन्न संस्कृतियों, सभ्यताओं, एक-दूसरे की परंपराओं और मूल्यों को नहीं पहचाना जा सकता है। हमारे बहुभाषिक और विविध जाति, धर्म,संप्रदाय वाले देश में सद्भाव, सामंजस्य, विचारों, खबरों के आदान-प्रदान करने और विभिन्न संस्कृतियों और सभ्यताओं को समझने के लिए अनुवाद की बड़ी भूमिका है।

अनुवाद की भूमिका लोगों को जोड़ने एक दूसरे की परंपराओं, मूल्यों को पहचानने, राष्ट्रीय एकता को मजबूत करने में अहम रही है। अनुवाद आज भी एक सामाजिक जरूरत है।

विभिन्न भाषाओं में लिखे साहित्य, ज्ञान विज्ञान के शोध कार्यों का परिचय तथा विस्तृत जानकारी अनुवाद द्वारा ही उपलब्ध की जा सकती है। प्राचीन काल से अनेक भाषाओं के हमारे विद्वान कवि, साहित्यिकारों की रचनाओं में निहित साहित्यिक सौन्दर्य का रसास्वादन अनुवाद द्वारा ही प्राप्त किया जा सका है। हमारे ऋषि मुनियों वेदव्यास, वाल्मीकि, कालीदास, तुलसीदास, कबीर, तिरूवल्लुवर, कंबन, सुब्रह्मण्यम भारती, रवीन्द्र नाथ टैगोर, शरतचन्द्र, नामदेव आदि के साहित्य का अनुवाद सुलभ होने से उसमें गोते लगा कर आनन्द लिया जा सकता है। अनुवाद की आवश्यकता हमेशा रही है। आठवीं शताब्दी के आदिशंकराचार्य जी मलयाली भाषी थे संस्कृत के प्रकांड पंडित थे। उन्होंने वैदिक धर्म का प्रचार करते हुए पूर्व में जगन्नाथ पुरी, पश्चिम में द्वारका, उत्तर में बद्रीनाथ धाम और दक्षिण में श्रंगेरीधाम (रामेश्वरम) में चार मठ स्थापित किए। वहीं 13-14 वीं शताब्दी में तमिल भाषी रामानुजाचार्य ने काशी में आकर भक्ति आन्दोलन चलाया। तेलुगू भाषी वल्लभाचार्य, कन्नड़ के माध्वाचार्य, और मलियालम कवि निंबार्काचार्य ने

वृंदावन जाकर श्रीकृष्ण राधा संप्रदाय की अलख जगाई और दक्षिण के साहित्य को उत्तर में संस्कृत और हिन्दी भाषा में प्रचारित एवं प्रसारित किया। युगों से अनुवाद की परंपरा चलती आ रही है।

आधुनिक युग में अनुवाद इतना आवश्यक हो गया है कि रोजमर्रा के कार्यों में भी इसका सहारा लिया जा रहा है। अनुवाद के क्षेत्र में भारी संभावनाएं हैं अनुवादकों की मांगें बढ़ गई है। विश्व सभ्यताओं और संस्कृतियों को समझने के लिए अनुवाद ही माध्यम बना है। युनान, मिश्र, चीन आदि की प्राचीन सभ्यताओं से भारत का गहरा नाता रहा है और इसे समझने में अनुवाद की महत्ता रही है। विश्व में गीता, रामायण, वेदों,उपनिषद के ज्ञान का प्रसार अनुवाद से संभव हुआ है। बौद्ध धर्म के माध्यम से भारतीय ग्रंथों का अनुवाद चीनी भाषा में हुआ जिससे प्रचार-प्रसार हुआ। अनुवाद के माध्यम से विभिन्न राष्ट्रों की साहित्यिक, सांस्कृतिक निधियों का आदान-प्रदान हो सका है।

विश्व बाजार में उत्पादों का क्रय-विक्रय करने, व्यापार विकसित करने अपने व्यवसाय का विस्तार करने में अनुवाद ही मुख्य हो गया है। अनुवाद से वाणिज्य, शिक्षा, पर्यटन आदि क्षेत्रों में रोजगार के अवसर बढ़ते जा रहे हैं। अनुवाद के कारण वैज्ञानिक, तकनीकी, बौद्धिक ज्ञान, एक भाषा से दूसरी भाषा में अनुवाद उपलब्ध हो जाने से ज्ञान का व्यापक प्रसार हो रहा है। आज नित नये शोध विज्ञान, चिकित्सा और इंजीनियरिंग के क्षेत्र में लगातार हो रहे हैं इसका लाभ अनुवाद के द्वारा ही लोगों तक पहुंच पा रहा है।

राजनैतिक चर्चाओं और देश विदेश में सम्मेलनों में विभिन्न विचारों को सुनना समझना अनुवाद द्वारा ही संभव हुआ है। प्रशासनिक कार्यों के संपादन में अनुवाद एक अपरिहार्य माध्यम है। सबसे मुख्य व्यापार के क्षेत्र में अनुवाद प्राचीन काल से देश विदेशों में अत्यन्त उपयोगी रहा है। भारत, यूरोपीय देशों, चीन, अमेरिका, अरब देशों में व्यापारी आते-जाते रहे हैं। उनका व्यापार अनुवाद से ही सुगमता से फैल सका है। विज्ञापन और पर्यटन में भी अनुवाद की भूमिका बहुत बड़ी है।

अध्याय-6

ज्ञान समाज की आधारशिला

सुमन सामंत

आज दुनिया भरी है, ज्ञान के विज्ञान से, भावनाओं से और सृजनशिल (Creative) ऐसे कार्य से। हमे इंसान तो है इस दुनिया की सफर करने वाले सफारी यात्रिका। समर्थ रामदास एक महाराष्ट्रीय संत कवी। चराती चरतो भगः इस व्यख्याय का सहारा देकर कहूँगी की, सृष्टी का अनुभव अकेले लेने के लिये संचार करो, भ्रमंती करो, अनुभवों को इकठ्ठा करो इससे ज्ञान की ऊँचाई बढती है। अनुभव संपन्नता आती है। ज्ञानेश्वरी माऊली कहती है "अवघे विश्वची माझे घर" वसुधैव कुटुंबकम्। विश्व मेरा है मैं विश्व का हूँ। बहुत बढिया ऐसी व्यापक संकल्पना। जो हमारी दृष्टी बदल देती है। हमे आत्मपरिक्षण करने का मौका देती है जो विविधता में एकता खोजती है और हमें मानवता से भरा अंतःकरण देती है, एकता सीखाती है।

आज की इक्कीसवी सदी के संगण क युग में हमारा वैश्विक संचार बढ़ता जा रहा है। विश्व में रंगिन विविधता है। विश्वेश्वर आदिशक्ती ने पंचमहाभूतों के सहारे विश्व का निर्माण करके खुबसुरत मानव जात निर्माण की। उससे विविध संस्कृतीयों का उगम हुआ। मानव ने अपना ज्ञान विश्व, वैज्ञानिक विश्व, सांस्कृतिक विश्व, भाषा विश्व अधिकाधिक मोहमय बना दिया। उसके मनसें एक दूसरों को जानने की, समझने की, इच्छा निर्माण हुई उत्सुक्ता यह तो "natural Instinct" नैसर्गिक सहजप्रवृती है। र्सिफ भाषा का सहारा लेकर हम एक दूसरे के मन को छूते है। आम जनता तक पहुँचकर मन से मन की बात जान लेते है सुख दुःख से, हर्ष से परिचित होते है। सांस्कृतिक आदान प्रदान को बढाकर भावनिक, बौद्धिक, सामाजिक, व्यवहारिक, आर्थिक संबंधों को सुरक्षित रख सकते है। हर एक भाषाकी अपनी style खासियत है। हर (best word in a best order) शब्दों का सौदर्य उसी दंग से पेश करना है इसलिये संस्कृत क्वी मम्मट ने साहित्य को रसात्मकं काव्य औसी उपाधि दी है।

यही रसात्मक्रता, साहित्य में रस लेने वाले आस्वादों के पास अनुवाद देता है।

अनुवाद यह भाषिक प्रक्रिया है। यह शास्त्र भी है और कल भी है। एक भाषा में होने वाली रंगीन कल्पनाएँ, विचारों को, भावनाओं को सूचनाओं को संवेदनाओं को दुसरी भाषा में संक्रमित करना यह कार्य अनुवाद करता है। यह संक्रमण या स्थलंतर एक आत्मिक ज्ञान और आनंद देता है। जब अनुवादक अनुवादित साहित्य मूल विचार के अनुसार समान ही विचार पेश करता है, तब आनंद उच्च स्तरीय होता है। जिससे पढने वाले पाठकों के दिल में और दिमाग में एक ही वही मूल विचार रहता है।

अनुवाद प्रक्रिया भिन्न भाषाओं और भिन्न संस्कृतियों मे होने वाली (खाई) दूरी नष्ट करता है और सेलू बनाता है। जिसके सहारे पढ़ने वालों को और सुनने वालों को अनजाना वास्तव सुलभता से अपने उद्दिष्ट की ओर संभव होता है।

हमारा जीवन यह बहुस्तरिय और बहुउद्देशीय ऐसी भाषिक प्रक्रिया है। सेंट 'जोरम' अनुवाद के पहले जनक है। ३८२ ई. में उन्होंने बाईबल का लॅटिन में अनुवाद किया और बुलगेट की रचना की। संत ज्ञानदेव माऊली ने भाषा में संस्कृत में होने वाली भगवद्गीता का शके १२१२ में प्राकृत मराठी भाषा में अनुवाद किया और आध्यात्मिक ज्ञान प्रेममय, भक्तीमय भावनाओं का निर्माण करके लोगों के सामने रख दिया।

अनुवाद के द्वारा अन्य भाषाओं के साहित्य से परिचित होना, अन्य देशों के विचार समझ लेना अनुका अनुसंधान कार्य, राजनितिक, सामाजिक विचार धारणा और राजनीतिक हलचलसे हम परिचित हो जाते है।

आज संचार माध्यम बद गये है और वैश्विक सामंजकीय वाद होने लगी। उसकी जरुरत लगने लगी संचार स्वातंत्र्य और साहित्य के सहारे हम काम Jogbeni sunshin एकता ला सकते है।

इस एकता के लिए आदान-प्रदान की आवश्यकता लगने लगी राष्ट्र राष्ट्र के बीच हन भाषा के सहारे संचार कर सकते है। इसलिए अनुवाद की आवश्यकता आ गयी।

हमें राष्ट्र का प्रशासन, अंतर्राष्ट्रीय व्यापार, वैज्ञानिक तरक्की इसकी पहचान होनी चाहिये। आज की अर्थव्यवस्था बढ़ाने के लिये आर्थिक लेन देन की जरूरत है। आज वैश्विक ग्राहकों की संख्या बदली जा रही है। उनसे मूल भाषा में संवाद बढ़ाता है।

विश्व से मेल जोड़ना है तो अपने अनुभव अपना साहित्य अन्य भाषा में जोड़ने की कोशिश करनी है। काश अनुवाद यह तंत्र है और मंत्र भी है। अनुवाद को एक पथ निभाता है। मूल अर्थ और विचारों के प्रती सच्चा रहता है। मूल संकल्पनाओं को सच में बदलना है। मूलपाठ का संदेश मूल पाठ में होनेवाली भावनाएँ इनके बारें मे अनुवादक पक्का

होना चाहिए। अपने स्वतंत्र विचारों की घुयखोशी उसे डाल देनी है। अपने कल्पनाओं की उड़ान नियमित करके मूल छवी (original image) वास्तव प्रतिमा पक्की रखने का काम अनुवाद का हौं आज राष्ट्रीय और अंतर्राष्ट्रीय स्तर पर व्यवसाय बढते जा रहे है। वैश्विक उत्पादन बढाना खुद की प्रतिमा बढाना इसकी रस्सी खँच हो रही है। इस भाव में ही हर एक देश मशगूल है। हर एक देश की प्रतिष्ठा ग्राहकों पर निर्भर है और ग्राहकों मे संवाद जूडना बहुत आवश्यक है। जनसंचार माध्यम से विज्ञापन फिल्मों की निर्मिती समाचार जानकारी अनुवाद के माध्यम से लोगों के सामने पेश किया जाता है। इसलिए दुनिया के प्रगती में अनुवाद महत्वपूर्ण भूमिका निभाता है।

भारत जैसा बहुभाषी देश आज एकता सामंजस्य निभानें में अनुवाद का सहारा लेता है। एक महत्वपूर्ण भूमिका लेकर अनुवाद विभिन्न संस्कृतियों मे एक दूसरे से जुड़ने का विचार और अनुभवों को पेश करने का अवसर देता है। इसलिए विज्ञान, वाणिज्य, उद्योग शिक्षा सभी क्षेत्र में संचार के लिए अनुवाद आवश्यक है। वह दुनिया की प्रगति में महत्वपूर्ण भूमिका निभाता है।

अनुवाद का वास्तव जीवन में किया हुआ उपयोग मैं आपके सामने एक मिसाल पेश कर रही हूँ। मैं सद्गुरु भक्त हूँ। मेरे सद्गुरु है "श्री अडानेश्वर"। महाराष्ट्र राज्य के यवतामळ जिल्हा में उनका जन्म हुआ। वे बहुत ज्ञानी थे लेकिन खुद को वह अनाड़ी कहते थे। और वही नाम "अडानेश्वर" भक्तिमार्ग के लोगों मे प्रसिद्ध है। सद्गुरुकी स्तुती करने वाला गुरुस्तोत्र स्व. दादा पळसूपकर इस आदमी ने लिखा। आध्यात्मिक और सामाजिक प्रबोधन करके सन्मार्ग दिखाने वाले हमारे सद्गुरु एक परमेश्वर अवतार। इनके भक्त माहाराष्ट्रीयन, गुजराथी, कोंकणी, (ख्रिश्चन) तेलगू, कन्नड, मल्याळम, हिंदी, इंग्लिश हैं। इसकी वजह यह है की यहाँ सब मिलकर एकता से, सामंजस्य से एक भक्तिभाव से प्यार से गुरु उपासना करते है। पहली लिखावट मराठी में लेकिन उसका अनुवाद मराठी से, गुजराथी, कोंकणी, (ख्रिश्चन) तेलगू, कन्नड़, मल्याळम, सिंधी, हिंदी, इंगलिश इन भाषाओं में हुआ। उसी प्रांत में रहने वाले पहली भाषा को जानने वाले लोंगों ने दूसरी भाषा मे अप्रतिम अनुवाद किया। स्तोत्र की छपाई की और अनुवाद का सहारा लेकर भिन्न-भिन्न भाषाओं के भक्तों ने अपनी आध्यात्मिक प्रगती की ऊँचाई प्राप्त की।

सद्विचार, सद्भावना से अपना जीवन भर दिया और प्यारभरे दिल से मानव सेवा का व्रत अपनाया। "अनुवाद" मानवी वर्तन को विचार बदल लाकर वैचारिक परिवर्तन कर सकता है और नीतीमान सशिल आदमी बना सकता है और मानवसेवा कर सकता है इसका यह आदर्श उदाहरण है।

अध्याय-7

भारतीय संगीत शास्त्र और अनुवाद

प्रो. आन्शवना सक्सेना

भारतीय संगीत शास्त्र की परंपरा अत्यंत प्राचीन और गौरवशाली रही है। इसका आरंभ वैदिक साहित्य से माना जाता है, जहाँ सामवेद के मंत्रों में स्वर-संरचना, छन्द और गान की विधियों का स्पष्ट उल्लेख मिलता है। धीरे-धीरे यह परंपरा आगे बढ़ी और नाट्य, संगीत तथा नृत्य के व्यवस्थित सिद्धांतों का प्रतिपादन हुआ। भरतमुनि का नाट्यशास्त्र इस दिशा का सबसे महत्वपूर्ण ग्रंथ है, जिसमें संगीत को केवल ध्वनि या गान मात्र न मानकर नाट्य और नृत्य से जोड़कर एक समग्र कला का रूप दिया गया। इस ग्रंथ के अनेक अध्याय संगीत के स्वर, ताल, वाद्य तथा भाव के विवेचन के लिए समर्पित हैं।

मध्यकाल में शारंगदेव का संगीत रत्नाकर भारतीय संगीत शास्त्र का अत्यंत महत्वपूर्ण ग्रंथ है। इसमें सप्तक, स्वर, ताल, राग, वाद्य तथा गायक-वादक के गुणों का सुविस्तृत विवरण मिलता है। संगीत रत्नाकर को भारतीय संगीत की आधारशिला कहा जाता है, क्योंकि इसके बाद से हिंदुस्तानी और कर्नाटक संगीत की परंपराएँ अलग-अलग विकसित होने लगीं। इसी क्रम में हृदयनारायण देव का संगीत पारिजात भी एक उल्लेखनीय ग्रंथ है, जिसमें रागों की स्वर-व्यवस्था और उनके प्रयोग की गहन व्याख्या की गई है।

आधुनिक काल में पं. विष्णु नारायण भातखण्डे ने संगीत को वैज्ञानिक दृष्टि से प्रस्तुत करते हुए हिंदुस्तानी संगीत पद्धति जैसी अमूल्य कृति लिखी। इसी प्रकार पं. वी.डी. पलुस्कर ने भी संगीत को व्यवस्थित रूप में प्रस्तुत कर शिक्षा जगत में प्रतिष्ठित किया। इन सभी रचनाओं ने भारतीय संगीत को बौद्धिक आधार और संरचना प्रदान की।

लेकिन इन ग्रंथों की मूल भाषा संस्कृत, प्राकृत या ब्रजभाषा रही है। आम जनता के लिए इन ग्रंथों को पढ़ना और समझना कठिन था। विदेशी विद्वानों के लिए तो यह और भी दुष्कर था। यही कारण है कि अनुवाद की आवश्यकता अत्यधिक महत्त्वपूर्ण सिद्ध हुई।

अनुवाद के माध्यम से इन ग्रंथों की अमूल्य सामग्री हिंदी, अंग्रेजी, मराठी, बंगाली तथा अन्य भाषाओं में उपलब्ध हुई। इससे संगीत का ज्ञान उच्च वर्ग या विशेष विद्वान तक सीमित न रहकर व्यापक समाज तक पहुँच सका।

भरतमुनि के नाट्यशास्त्र का अंग्रेजी में कई बार अनुवाद हुआ, जिनमें मोनियर विलियम्स और अन्य पाश्चात्य विद्वानों के अनुवाद विशेष उल्लेखनीय हैं। इससे भारतीय संगीत और नाट्य परंपरा पश्चिमी जगत तक पहुँची। इसी प्रकार संगीत रत्नाकर का संस्कृत से हिंदी और अंग्रेजी में अनुवाद कर विद्वानों ने संगीतशास्त्र की धारा को और सुलभ बनाया। भातखण्डे की रचनाएँ भी अंग्रेजी और अन्य भाषाओं में अनूदित होकर भारतीय संगीत शिक्षा का आधार बनीं।

अनुवाद के माध्यम से ज्ञान का लोकतंत्रीकरण हुआ। अनुवाद ने न केवल संगीत की जटिल शास्त्रीय परंपरा को सरल भाषा में प्रस्तुत किया, बल्कि विद्यार्थियों और शोधकर्ताओं के लिए इसे उपयोगी भी बना दिया। विश्वविद्यालयों और संगीत महाविद्यालयों में आज जो संगीत शिक्षा दी जाती है, उसका आधार अनुवादित ग्रंथ ही हैं। पाश्चात्य संगीत के साथ भारतीय संगीत की तुलना और संवाद भी अनुवाद के माध्यम से संभव हो सका।

अनुवाद की प्रक्रिया ने भारतीय संगीत को वैश्विक मंच पर प्रतिष्ठा दिलाई। आज भारतीय संगीत का अध्ययन न केवल भारत में, बल्कि अमेरिका, यूरोप और एशिया के अन्य देशों में भी किया जा रहा है। इस विस्तार का श्रेय अनुवाद को जाता है। इससे नए अनुसंधान और प्रयोगों के द्वार खुले हैं। संगीत के इतिहास, स्वर-व्यवस्था, रागों के विकास और ताल संरचनाओं पर आधुनिक शोध अनुवादित सामग्री के कारण ही संभव हो पाया है।

यद्यपि अनुवाद की चुनौतियाँ भी कम नहीं हैं। संगीत शास्त्र की तकनीकी शब्दावली जैसे 'ग्राम', 'मूर्छना', 'जाति', 'श्रुति' आदि का सटीक रूपांतरण करना कठिन होता है। कई बार अनुवाद में मूल ग्रंथ की सूक्ष्मता और भावार्थ खो जाते हैं। परंतु इन सीमाओं के बावजूद अनुवाद भारतीय संगीत परंपरा को जन-जन तक पहुँचाने का सबसे प्रभावी साधन सिद्ध हुआ है।

निष्कर्षत: कहा जा सकता है कि भारतीय संगीत शास्त्र की रचनाएँ हमारी सांस्कृतिक धरोहर का मूलाधार हैं। अनुवाद ने इन ग्रंथों को स्थानीय, राष्ट्रीय और अंतरराष्ट्रीय स्तर पर प्रचारित-प्रसारित किया। यह अनुवाद ही है जिसने भारतीय संगीत शास्त्र को ज्ञान समाज की अवधारणा से जोड़ते हुए उसे सार्वभौमिक स्वरूप प्रदान किया और संगीत को केवल कला ही नहीं, बल्कि एक वैश्विक ज्ञान के रूप में प्रतिष्ठित किया।

संदर्भ ग्रंथ

- भरतमुनि, नाट्यशास्त्र, मोतीलाल बनारसीदास, दिल्ली।
- शारंगदेव, संगीत रत्नाकर, संस्कृत अकादमी, वाराणसी।
- हृदयनारायण देव, संगीत पारिजात, भारतीय संगीत परिषद् प्रकाशन।
- भातखण्डे, विष्णु नारायण, हिंदुस्तानी संगीत पद्धति, खैरागढ़ विश्वविद्यालय प्रकाशन।

Subramaniam, L. (1999), Indian Classical Music and Translation Studies, Oxford University Pressl

- Rowell, Lewis (1992), Music and Musical Thought in Early India, University of Chicago Press.
- Wade, Bonnie C. (1998), Imagination and the Arts in Indian Music, University of California Press.
- Ranade, Ashok D. (2006), Music Contexts: A Concise Dictionary of Hindustani Music, Promilla & Co. Publishers.

अध्याय-8

बहुभाषी समाज में अनुवाद की भूमिका

डॉ. पूर्णिमा श्रीनिवासन

बीज शब्दः

अनुवाद, बहुभाषी समाज, सामाजिक सौहार्द, सांस्कृतिक संरक्षण, शिक्षा, वैश्विक सहभागिता, साहित्य और कला, कानूनी पहुँच

सारांशः

भारत एक बहुभाषी और बहुसांस्कृतिक देश है, जहाँ 22 अनुसूचित भाषाएँ और सैकड़ों क्षेत्रीय बोलियाँ बोली जाती हैं। ऐसे बहुभाषी परिदृश्य में अनुवाद केवल शब्दों का परिवर्तक नहीं है, बल्कि यह सांस्कृतिक, सामाजिक और शैक्षिक सेतु का कार्य करता है। अनुवाद के माध्यम से नागरिकों को सरकारी सूचनाएँ, साहित्य, कला और शिक्षा मातृभाषा में उपलब्ध होती हैं, जिससे समाज में समान अवसर, समावेशिता और समझ सुनिश्चित होती है। अत:राष्ट्र प्रेम और देश भक्ति बरकरार रहते हैं।

यह शोध-पत्र अनुवाद की बहुआयामी भूमिका पर केंद्रित है एक लघु प्रयास है, जिसमें संचार, सामाजिक सौहार्द, कानूनी और प्रशासनिक पहुँच, सांस्कृतिक संरक्षण, साहित्य और कला का संवर्धन, शिक्षा, आर्थिक और वैश्विक सहभागिता तथा बहुभाषी समाज में अनुवाद की चुनौतियाँ शामिल हैं। यह निष्कर्ष पर पहुंचे हैं कि अनुवाद बहुभाषी और बहुसांस्कृतिक भारत में समाज, संस्कृति, राष्ट्र प्रेम, देश भक्ति, सौहार्दपूर्व सहअस्तित्व और ज्ञान के प्रसार का आधार है।

प्रस्तावना:

अनुवाद एक ऐसी तकनीक है जिसका आविष्कार मानव ने बहु भाषिक स्थिति की विडंबना से बचने के लिए किया था। इसका मूल रहस्य यह है कि यह मगर देश और विश्व को एक सूत्र में बाँधने वाली शक्तिशाली कड़ी अथवा माध्यम है। भारत एक बहुभाषी और बहुसांस्कृतिक देश है। यहाँ 22 अनुसूचित भाषाएँ और सैकड़ों क्षेत्रीय बोलियाँ बोली जाती हैं। यह भाषाई और सांस्कृतिक विविधता हमारे समाज की ताकत है। संवाद, ज्ञान और सूचना के आदान-प्रदान में यह शक्ति चुनौतीपूर्ण भी हो सकता है। ऐसे परिदृश्य में अनुवाद एक महत्वपूर्ण साधन बन जाता है, जो भाषाई और सांस्कृतिक बाधाओं को दूर करके ज्ञान, सूचना, संस्कृति के प्रवाह एवं एकता को संभव बनाता है। प्राचीन भारत में अनुवाद ने ज्ञान और साहित्य के प्रसार में केंद्रीय भूमिका निभाई है। उदाहरण के लिए, रामायण और महाभारत के क्षेत्रीय भाषाओं में अनुवाद ने इन्हें व्यापक जनसमूह तक पहुँचाया है। अनुवाद, मध्य काल में भक्ति आन्दोलन का लहर दक्षिण से उत्तर की ओर फैलने में अमूल्य योगदान प्रदान किया है। स्वतंत्रता पूर्व भारत में अनुवाद के माध्यम से ही हम स्वतंत्र हुए। आधुनिक भारत में अनुवाद का महत्व और भी बढ़ गया है। शिक्षा, मीडिया, प्रशासन, स्वास्थ्य, व्यापार, साहित्य और कला, आदि जीवन के प्रत्येक पहलू में अनुवाद, नागरिकों को समान अवसर और सूचना तक व्यापक पहुँच प्रदान करता है।

अनुवाद के महत्व पर कई भारतीय व्यक्तित्वों के विचार :

महात्मा गांधी:

गांधीजी जनता तक अपने अहिंसा और आत्मनिर्भरता के विचारों को पहुँचाने के लिए भारतीय भाषाओं में अनुवाद के महत्व पर जोर देते थे। देश को एक सूत्र में बांधने के लिए हिन्दुस्तानी को राष्ट्र भाषा का दर्जा प्रदान किया। दक्षिण भारत हिंदी प्रचार सभा नामक संस्था का जन्म हुआ।

डॉ. सर्वपल्ली राधाकृष्णन:

डॉ. राधाकृष्णन ने पुस्तकों के महत्व पर ज़ोर देते हुए कहा था कि ये विभिन्न संस्कृतियों के बीच सेतु का काम करती हैं, और अनुवाद इस प्रक्रिया का एक अनिवार्य हिस्सा है। उनका मानना था कि अनुवाद के माध्यम से ही एक संस्कृति का ज्ञान और विचार दूसरी संस्कृति तक पहुँच पाता है, जिससे सांस्कृतिक आदान-प्रदान और समझ बढ़ती है।

मुंशी प्रेमचंद:

मुंशी प्रेमचंद जैसे साहित्यिकारों ने भी अनुवाद को साहित्य के प्रचार-प्रसार के लिए महत्वपूर्ण माना है। प्रेमचंद ने भारतीय और विश्व साहित्य की कृतियों के अनुवाद को हिंदी साहित्य के कोष को समृद्ध करने का एक अहम माध्यम माना। उनका यह मत था कि अनुवाद से साहित्य के आयाम विस्तृत होते हैं और भाषा की अभिव्यंजना शक्ति भी बढ़ती है।

हरिवंश राय बच्चन:

कहा जाता है कि जवाहरलाल नेहरू और हरिवंश राय बच्चन के बीच भाषणों के अनुवाद को लेकर चर्चा होती थी, जो अनुवाद के बारीक महत्व को दर्शाता है। एक बार नेहरू और बच्चन के बीच भाषणों के अनुवाद को लेकर शब्दों की जंग छिड़ गई थी। यह प्रसंग बताता है कि उच्च स्तर पर भी विचारों के सही अनुवाद को लेकर संवेदनशीलता होती थी।

भारतीय साहित्य की परंपरा:

भारतीय साहित्य में अनुवाद का इतिहास बहुत पुराना है। भारतीय राष्ट्रगान से जुड़ी एक महत्वपूर्ण जानकारी इस संदर्भ में सामने आती है। यथा:

भारत के स्वाधीनता आंदोलन के दौरान विभिन्न भारतीय भाषाओं के ग्रंथों का हिंदी में अनुवाद हुआ, जिससे राष्ट्रीय चेतना को मजबूती मिली। रवींद्रनाथ टैगोर की रचनाओं, विशेषकर 'गीतांजलि', का बड़े पैमाने पर अनुवाद किया गया।

इन सभी विचारों से स्पष्ट होता है कि अनुवाद को न केवल भाषाई ज़रूरत, बल्कि सामाजिक, सांस्कृतिक और वैचारिक आवश्यकता के रूप में देखा गया, जिसने भारतीय समाज को एकजुट करने, ज्ञान के प्रसार और भारत की अखंडता को कायम रखने में महत्वपूर्ण भूमिका निभाई।

अनुवाद का भारतीय परिप्रेक्ष्य में महत्व

1. संप्रेषण को सुगम बनाना:

अनुवाद भाषाओं के बीच संवाद को सुगम बनाता है। अनुवाद का प्राथमिक उद्देश्य भाषाओं के बीच सही और स्पष्ट संवाद स्थापित करना है। यह केवल शब्दों का अनुवाद नहीं, बल्कि अर्थ, भाव और सांस्कृतिक संदर्भ का स्थानांतरण भी है। अनुवाद भाषाओं

के बीच संपर्क का पुल बनाता है और अर्थ व भावनाओं के सही आदान-प्रदान को संभव करता है। राष्ट्र पिता महात्मा गांधी इसकी एहमियत पर बल देते हुए कहते हैं :

"अनुवाद भाषा की सीमाओं को पार करता है, जिससे विचारों और संस्कृतियों का आदान-प्रदान संभव होता है।"

भारत में व्यापार, प्रशासन, मीडिया और शिक्षा में अनुवाद नागरिकों को उनकी मातृभाषा में जानकारी प्रदान करता है। उदाहरण के लिए, सरकारी सूचनाएँ, स्वास्थ्य या शिक्षा से जुड़ी योजनाएँ, यदि केवल अंग्रेजी में उपलब्ध हों, तो उनका लाभ सीमित वर्ग तक ही पहुँच सकता है। अनुवाद इन सूचनाओं को सभी तक पहुँचाने का प्रभावी साधन बन जाता है। इस सिलसिले को आगे बढ़ाकर तत्काल भारत में विभिन्न उदाहरण हमें उपलब्ध है। यथा:

प्रधानमंत्री नरेंद्र मोदी के डिजिटल और सरकारी अभियान जैसे 'जनधन योजना' और 'स्वच्छ भारत मिशन' की वेबसाइट और सूचना कई भारतीय भाषाओं में अनुवादित की जाती हैं ताकि देश के दूरदराज क्षेत्रों के नागरिक भी जानकारी समझ सकें और इसका सम्पूर्ण लाभ उठा सकें।

रेलवे टिकट बुकिंग पोर्टल (IRCTC) में हिंदी, तमिल, तेलुगु, कन्नड़ आदि विभिन्न भाषाओं का अनुवाद, यात्रियों के लिए सहज यात्रा सुनिश्चित करता है।

विभिन्न राज्यों में राष्ट्रीय स्वास्थ्य मिशन (NHM) की स्वास्थ्य संबंधी सूचनाओं का स्थानीय भाषाओं में अनुवाद, जैसे मलेरिया, टीकाकरण अभियान, कोरोना से बचने कि जानकारी, आदि ग्रामीण क्षेत्रों में जागरुकता बढ़ाता है।

2. सामाजिक सौहार्द को प्रोत्साहित करना:

अनुवाद विभिन्न भाषाई और सांस्कृतिक समुदायों को जोड़ता है और समाज में सहिष्णुता, समझ और मेलजोल को बढ़ावा देता है। यह विभिन्न भाषाई और सांस्कृतिक समूहों के बीच संवाद और समझ को बढ़ावा देता है। इससे सामाजिक समरसता, सौहार्द और शांति सुनिश्चित होती है। उदाहरण के स्वरूप, विभिन्न राज्यों में धार्मिक ग्रंथों और लोककथाओं का अनुवाद। सामुदायिक पत्रिकाओं में बहुभाषी संस्करण। बहुसांस्कृतिक फिल्मों और नाटकों का अनुवाद। इस सन्दर्भ में साहित्यिकार अरुंधति रॉय का विचार ध्यान देने योग्य है। यथा: "अनुवाद केवल शब्दों का रूपांतरण नहीं है; यह विचारों, संस्कृतियों और संवेदनाओं का सेतु है।"

भारत में विभिन्न धर्मों, जातियों और भाषाई समूहों के बीच संवाद अक्सर भाषा की

बाधा से प्रभावित होता है। अनुवाद इन बाधाओं को दूर करता है और समुदायों के बीच सहयोग और आपसी समझ स्थापित करता है। उदाहरण के लिए, राष्ट्रीय योजनाओं की जानकारी का सभी प्रमुख भारतीय भाषाओं में अनुवाद, विभिन्न भाषाई समूहों की समान भागीदारी और समानता सुनिश्चित करता है। "अनुवाद संस्कृतियों के बीच एक सेतु का काम करता है, जो विविध भाषाई समुदायों के बीच समझ और सद्भाव को बढ़ावा देता है।" यह वाक्य इस विचार को पुष्ट करता है कि अनुवाद सिर्फ शब्दों का रूपांतरण नहीं, बल्कि सांस्कृतिक और सामाजिक संबंधों को मजबूत करने का एक महत्वपूर्ण साधन है। यथा :

विभिन्न राज्यों में राष्ट्रीय त्योहारों जैसे दिवाली, ईद और क्रिसमस के संदेश और सरकारी शुभकामनाओं का स्थानीय भाषाओं में अनुवाद, सामाजिक मेलजोल बढ़ाने में मदद करता है।

सांस्कृतिक कार्यक्रमों के अनुवादित उद्घोषण और जानकारी, जैसे राष्ट्रीय नृत्य और संगीत महोत्सव, एक भारत श्रेष्ठ भारत अभियान, आदि विभिन्न भाषी दर्शकों को जोड़ते हैं।

बहुभाषी शिक्षा कार्यक्रम जैसे NCERT की पाठ्यपुस्तकों में अनुवादित साहित्य, छात्रों के बीच सांस्कृतिक समझ और सौहार्द को बढ़ावा देता है।

3. कानूनी और सरकारी पहुँच सुनिश्चित करना :

अनुवाद नागरिकों को सरकारी और कानूनी जानकारी तक पहुँच प्रदान करता है। अनुवाद सभी नागरिकों को उनके अधिकारों, सरकारी दस्तावेज, सरकारी योजनाओं और कानूनी प्रक्रियाओं, नीतियाँ तक पहुँच प्रदान करता है। भारत में बहुभाषी समाज के नागरिकों को न्याय और प्रशासन तक पहुँचाने में अनुवाद अत्यंत महत्वपूर्ण है। अदालत के दस्तावेज, सरकारी नोटिफिकेशन और योजनाओं की जानकारी यदि मातृभाषा में उपलब्ध हो, तो नागरिकों की भागीदारी और समझ बढ़ती है।

उदाहरण: मतदाता सूची और चुनाव सामग्री का बहुभाषी अनुवाद। न्यायालय की निर्देशिकाएँ और कानूनी नोटिस। सरकारी योजनाओं की लोकल भाषाओं में जानकारी। अंसारी हसन के शब्दों में "अनुवाद यह सुनिश्चित करता है कि सरकारी एवं विधिक दस्तावेज़ सभी नागरिकों के लिए सुलभ हों, जिससे समावेशिता और समान सहभागिता को प्रोत्साहन मिलता है।"

उदाहरण: भारत का संविधान और नागरिक अधिकार विभिन्न भारतीय भाषाओं में उपलब्ध हैं, जिससे सभी नागरिक उनके अधिकार और कर्तव्य समझ सकें।

आधार कार्ड और पैन कार्ड आवेदन प्रक्रियाएँ स्थानीय भाषाओं में अनुवादित हैं, ताकि सरकारी दस्तावेज़ों तक आम नागरिक की पहुँच बनी रहे।

राज्य और केंद्र सरकार की योजनाओं जैसे प्रधानमंत्री आवास योजना (PMAY) के फॉर्म और दिशानिर्देश सभी प्रमुख भाषाओं में अनुवादित किए गए हैं।

4. सांस्कृतिक विरासत का संरक्षण :

अनुवाद सांस्कृतिक विरासत को जीवित रखने वाला वाहक है, जो विचारों और ग्रंथों को भाषाई सीमाओं से परे पहुँचाकर हमारी सांस्कृतिक स्मृति की रक्षा करता है। अनुवाद मौखिक और लिखित साहित्यिक परंपराओं को संरक्षित करता है और भाषाई विविधता को सांस्कृतिक धरोहर के रूप में बनाए रखता है। यह पुरानी और आधुनिक परंपराओं, महाकाव्यों और ग्रंथों को लक्ष्य भाषाओं में जीवित रखता है। प्राचीन संस्कृत ग्रंथों का आधुनिक भाषाओं में अनुवाद, लोक कथाएँ, धार्मिक ग्रंथ और ऐतिहासिक दस्तावेज, अनुवाद के माध्यम से नई पीढ़ियों तक पहुँचते हैं। इससे भाषा और संस्कृति की विविधता संरक्षित रहती है। महाभारत और रामायण का क्षेत्रीय भाषाओं में सर्वदा नवीन दृष्टिकोण प्रदान कर किये गए अनुवाद अत्यंत फलप्रद साबित हुए हैं। युवा पीढ़ी को अपनी पम्परा के महत्त्व की ओर आकर्षित कर उसे नए रूप में जीवित रखने में अनुपम भूमिका निभाई है। विद्वानों के अनुसार "अनुवाद केवल भाषाई परिवर्तन नहीं है; यह हमारी सांस्कृतिक स्मृति को संरक्षित करता है।" यथा:

स्थानीय लोक कथाओं और गीतों का दस्तावेजीकरण, उसका विभिन्न भाषाओं में अनुवाद, जैसे बिहार की पितरा गीत और राजस्थान की लोककविताएँ, पीढ़ियों तक पहुँचती हैं।

संस्कृत और प्राकृत ग्रंथों का आधुनिक भाषाओं में अनुवाद, जैसे चाणक्य नीतिशास्त्र या कार्तिकेय ग्रंथ, भारतीय ज्ञान परंपरा को संरक्षित करता है।

विभिन्न भाषाओं में ऐतिहासिक साहित्य का पुनर्प्रकाशन, आदि।

5. साहित्य और कला का संवर्धन:

अनुवाद साहित्य और कला के आदान-प्रदान का माध्यम है और रचनात्मक नवाचार को बढ़ावा देता है। अनुवाद विभिन्न भाषाओं के साहित्य और कला कार्यों को साझा मंच पर लाता है। लेखक और कलाकार अनुवाद के माध्यम से नई शैलियों, तकनीकों और सांस्कृतिक दृष्टिकोण से प्रेरित होते हैं। अनुवाद, साहित्य और कला का संवर्धन कर,

सांस्कृतिक समृद्धि को बढ़ाता है। रामायण और महाभारत, भक्ति कविताओं के संस्कृत और विभिन्न क्षेत्रीय भाषाओं में किए गए सारानुवाद और भावानुवाद, साथ ही भारतीय लोकगीतों और कविताओं के अनुवाद, इन्हें व्यापक रूप से प्रसारित करने में अमूल्य योगदान देते हैं। इन अनुवादों ने हमारी सांस्कृतिक विरासत को जीवित रखते हुए, ज्ञान और भावनाओं के पुल का काम किया है।

उदाहरण: साहित्यिक कृतियाँ जैसे अमृता प्रीतम की कविताएँ पंजाबी से हिंदी और अंग्रेज़ी में अनूदित, जिससे उनकी साहित्यिक धरोहर पूरे देश और विदेश में पहुँची।

फ़िल्में और थिएटर जैसे 'दंगल' और 'सुभाष चंद्र बोस' पर बनी डॉक्यूमेंट्री का बहुभाषी अनुवाद, विभिन्न राज्यों और देशों में दर्शकों तक पहुँच सुनिश्चित करता है।

समकालीन भारतीय साहित्य का अंग्रेज़ी और अन्य भाषाओं में अनुवाद। यथा: गीतांजलि श्री कृत 'रेत समाधि' उपन्यास का अंग्रेजी अनुवाद 'टॉम्ब ऑफ सैंड' ने 2022 में अंतर्राष्ट्रीय बुकर पुरस्कार जीता। कन्नड़ लेखिका बानू मुश्ताक को उनकी लघु कहानी संग्रह 'इदय हणदे' का अंग्रेजी अनुवाद 'हार्ट लैंप' के लिए 2025 का अंतर्राष्ट्रीय बुकर पुरस्कार मिला है।

उक्त पुरस्कारों ने भारतीय साहित्य को वैश्विक स्तर पर पहचान दिलाई है और इसे वैश्विक साहित्य की केंद्रीय धारा में स्थापित होने में मदद की है। अतः वास्तव में अनुवाद, साहित्य और कला को व्यापक स्तर पर साझा करने में यह अत्यंत मददगार साबित हुआ है।

6. शिक्षा में अनुवाद:

अनुवाद शैक्षिक सामग्री को विभिन्न भाषाओं में उपलब्ध कराता है। अनुवाद व्यवसाय और वैश्विक संचार को सक्षम बनाता है, जिससे भारतीय उत्पाद और सेवाएँ अंतरराष्ट्रीय स्तर पर पहुँचती हैं। अनुवाद में शिक्षा का महत्व बताते हुए रिता कोठारी कहती हैं "शिक्षा में अनुवाद यह सुनिश्चित करता है कि अध्ययन सामग्री सभी भाषाई समुदायों के लिए सुलभ हो।" मातृभाषा में पाठ्यपुस्तकें और ऑनलाइन पाठ्य सामग्री छात्रों को बेहतर समझ और सीखने का अवसर देती हैं। इससे बहुभाषी समाज में शिक्षा अधिक समावेशी बनती है।

उदाहरण: NCERT की पाठ्यपुस्तकें हिंदी, अंग्रेज़ी, तमिल, तेलुगु और कन्नड़ में अनुवादित, जिससे छात्रों को मातृभाषा में पढ़ाई का अवसर मिलता है।

डिजिटल शिक्षा पोर्टल जैसे ePathshala, swayam, swadhyay. ODL, में

बहुभाषी सामग्री, ग्रामीण और दूरदराज के छात्रों को जोड़ती है।

विज्ञान और गणित जैसे विषयों की शैक्षणिक सामग्री का अनुवाद, कठिन अवधारणाओं को स्थानीय भाषा में समझने में मदद करता है।

7. आर्थिक और वैश्विक सहभागिता का समर्थन :

नब्बे के अंतिम दशक और इक्कीसवीं सदी की शुरुआत में हुए सूचना-विस्फोट, उदारीकरण, वैश्वीकरण और निजीकरण ने भारत की आर्थिक स्थिति को सशक्त बनाने में महत्वपूर्ण और सकारात्मक भूमिका निभाई। इस दौरान अनुवाद ने अपने अनमोल योगदान के माध्यम से व्यवसाय और वैश्विक संवाद को संभव बनाया है। अंतरराष्ट्रीय व्यापार में अनुवाद कंपनियों को बहुभाषी ग्राहक समूहों से प्रभावी संवाद स्थापित करने तथा वैश्विक बाजार में प्रतिस्पर्धा करने में सहायता प्रदान करता है। इसके माध्यम से भारतीय उत्पाद और सेवाएँ अंतरराष्ट्रीय स्तर तक पहुँच पा रही हैं। उदाहरणस्वरूप, ई-कॉमर्स वेबसाइटों, बहुभाषी विपणन सामग्री तथा अंतरराष्ट्रीय व्यापारिक रिपोर्टों में अनुवाद की भूमिका अत्यंत महत्त्वपूर्ण और अप्रतिम है। रिटा कोठारी का यह कथन "अनुवाद व्यवसाय और अंतरराष्ट्रीय व्यापार में अत्यंत महत्वपूर्ण है।" सर्वदा सत्य है।

उदाहरण: ई-कॉमर्स प्लेटफ़ॉर्म जैसे Flipkart और Amazon India विभिन्न भाषाओं में उत्पाद विवरण प्रदान करते हैं, जिससे ग्राहकों तक पहुँच आसान होती है।

विभिन्न बहुराष्ट्रीय कंपनियों के ग्राहक सहायता, बेक ऑफिस, कॉल सेंटर्स, मार्केटिंग, जन संपर्क, आदि क्षेत्रों में अनुवाद नितांत आवश्यक हैं

भारतीय स्टार्टअप्स और IT कंपनियाँ अपने वेबसाइट और दस्तावेज़ बहुभाषी बनाकर वैश्विक बाजार में विस्तार करती हैं।

अंतरराष्ट्रीय व्यापार समझौते और रिपोर्ट स्थानीय भाषाओं में अनुवादित होने से व्यापारियों और निवेशकों के लिए पारदर्शिता बढ़ती है।

बहुभाषी समाज में अनुवाद की चुनौतियाँ एवं संभावित समाधान :

"कोस-कोस पर बदले पानी, चार कोस पर वाणी" - यह कहावत भारत की भाषिक विविधता को अत्यंत सटीक रूप में प्रस्तुत करती है। भारत जैसा देश, जहाँ भाषा हर कुछ सौ किलोमीटर पर बदल जाती है, वहाँ अनुवाद केवल संप्रेषण का साधन नहीं, बल्कि संस्कृति, संवेदना और विचारों का जीवंत सेतु है।

बहुभाषी समाज में अनुवाद के माध्यम से संवाद, सहभागिता और एकता की भावना

सुदृढ़ होती है। किंतु इतनी व्यापक भाषिक और सांस्कृतिक विविधता के बीच अनुवाद की प्रक्रिया अत्यंत जटिल एवं चुनौतीपूर्ण हो जाती है।

1. भाषिक विविधता और संरचनात्मक अंतर:

भारत में सैकड़ों भाषाएँ और उपभाषाएँ विद्यमान हैं, जिनकी व्याकरणिक संरचना, शब्द-रचना, और अभिव्यक्ति का ढंग एक-दूसरे से भिन्न है। इन सूक्ष्म भिन्नताओं के कारण किसी विचार का सटीक और समान प्रभाव वाला अनुवाद करना अनुवादक के लिए एक बड़ी चुनौती बन जाता है।

2. सांस्कृतिक संदर्भों का अनुवाद:

भाषा केवल संप्रेषण का माध्यम नहीं, बल्कि संस्कृति की वाहक होती है। कहावतें, लोकोक्तियाँ, लोक-प्रयोग, धार्मिक प्रतीक और सांस्कृतिक प्रतीक किसी अन्य भाषा में समान प्रभाव से व्यक्त नहीं हो पाते। इस प्रकार अनुवाद केवल शब्दों का नहीं, बल्कि संस्कृति का रूपांतरण बन जाता है।

उदाहरण: अंग्रेज़ी वाक्य "It's raining cats and dogs" का शाब्दिक अनुवाद "यहाँ बिल्लियाँ और कुत्ते बारिश कर रहे हैं" पूर्णतः अर्थहीन हो जाता है।

पश्चिमी संदर्भों जैसे "warm welcome", "baby shower", "drinks party" का भारतीय परिप्रेक्ष्य में अनुवाद करते समय विशेष सांस्कृतिक सतर्कता आवश्यक है।

इसी प्रकार, भारतीय परंपराओं से जुड़ी संकल्पनाएँ - पूजा-पाठ, गोदभराई, विवाह संस्कार आदि - का अन्य भाषाओं में अनुवाद करते समय अर्थ और संवेदना का संतुलन बनाए रखना आवश्यक होता है।

3. विशेषज्ञ शब्दावली का अभाव:

विज्ञान, प्रौद्योगिकी, चिकित्सा, कानून तथा प्रशासन जैसे क्षेत्रों में सटीक शब्दावली का अभाव अनुवाद की गुणवत्ता को प्रभावित करता है। कई बार समानार्थी शब्द तो मिल जाते हैं, पर उनका आशय, भावार्थ और प्रयोग संदर्भ से भिन्न होता है, जिससे अर्थ की विकृति हो जाती है।

4. भाव, लहजे और शैली की असमानता:

साहित्यिक और रचनात्मक अनुवादों में यह चुनौती और गहरी हो जाती है। केवल शब्दों का रूपांतरण पर्याप्त नहीं होता; भाव, लय, शैली और संवेदना का स्थानांतरण भी

समान रूप से आवश्यक है। यही कारण है कि कविता, कथा या नाटक का अनुवाद अत्यंत कठिन कार्य माना जाता है।

5. प्रौद्योगिकी आधारित अनुवाद की सीमाएँ:

मशीन अनुवाद (Machine Translation) ने कार्य की गति अवश्य बढ़ाई है, परंतु ये तकनीकें सांस्कृतिक बारीकियों, भावनात्मक अर्थों और मुहावरों की सटीक व्याख्या करने में अभी भी सक्षम नहीं हैं। परिणामस्वरूप अनुवाद का अर्थ यांत्रिक तो हो जाता है, पर उसमें मानवीय संवेदना और संदर्भ का अभाव रहता है।

6. मानकीकरण की समस्या:

विभिन्न संस्थाओं या अनुवादकों द्वारा एक ही शब्द या वाक्यांश के भिन्न-भिन्न अनुवाद किए जाते हैं, जिससे अर्थ में असंगति और भ्रम उत्पन्न होता है। शब्द-दर-शब्द या शाब्दिक अनुवाद भी कई बार समस्या का कारण बनता है। उदाहरण के रूप में, ग्रामीण क्षेत्रों में सरकारी सूचनाओं का शाब्दिक अनुवाद जनता के लिए समझ से परे हो सकता है। इसलिए अनुवाद करते समय अर्थ, प्रसंग और भाषा की सहजता का ध्यान रखना अनिवार्य है।

7. दुर्लभ भाषाओं के लिए संसाधनों की कमी:

असमिया, मणिपुरी, या बोडो जैसी भाषाओं में उच्च-गुणवत्ता वाले अनुवादक और शब्द-संसाधन सीमित हैं। परिणामस्वरूप इन भाषाओं में अनुवाद की प्रक्रिया और भी कठिन हो जाती है, जिससे स्थानीय ज्ञान व साहित्य की पहुँच सीमित रह जाती है।

संभावित समाधान

भाषा और संस्कृति का समग्र प्रशिक्षण:

अनुवादक को केवल भाषायी दक्षता ही नहीं, बल्कि संबंधित समाज, संस्कृति और संदर्भ की गहरी समझ होनी चाहिए।

मानकीकृत शब्दावली और संसाधनों का निर्माण:

सरकारी और शैक्षणिक संस्थानों को मिलकर प्रामाणिक, अद्यतन और सर्वमान्य शब्दकोश एवं डेटाबेस तैयार करने चाहिए।

मानव और मशीन का संतुलित उपयोग:

मशीन अनुवाद का उपयोग प्रारंभिक स्तर पर किया जा सकता है, किंतु अंतिम संपादन मानव विशेषज्ञों द्वारा किया जाना आवश्यक है ताकि भाव और अर्थ की शुद्धता बनी रहे।

अनुवाद अध्ययन का सशक्तीकरण:

विश्वविद्यालयों में अनुवाद अध्ययन (Translation Studies) को प्रोत्साहन देकर व्यावसायिक और सांस्कृतिक अनुवादकों की नई पीढ़ी तैयार की जानी चाहिए।

स्थानीय भाषाओं का संवर्धन और समानता:

अनुवाद के माध्यम से सभी भाषाओं को समान सम्मान दिया जाए, ताकि बहुभाषिकता एकता में रूपांतरित हो सके।

सांस्कृतिक संवेदनशीलता का विकास:

अनुवादक को यह समझना चाहिए कि वह केवल शब्द नहीं, बल्कि दो संस्कृतियों, दो दृष्टिकोणों और दो भाव-जगतों के बीच पुल का निर्माण कर रहा है।

निष्कर्ष: भारत जैसा बहुभाषी और बहुसांस्कृतिक समाज, जहाँ भाषा और संस्कृति दोनों ही असंख्य रूपों में विद्यमान हैं, वहाँ अनुवाद केवल संवाद का साधन नहीं, बल्कि सांस्कृतिक संरक्षण, शिक्षा, साहित्य, सामाजिक सौहार्द और वैश्विक सहभागिता का अनिवार्य आधार है। अनुवाद केवल भाषाई प्रक्रिया नहीं है; इसमें सांस्कृतिक और तकनीकी जटिलताएँ भी शामिल होती हैं। अनुवाद के माध्यम से नागरिक अपने अधिकारों, सरकारी नीतियों, योजनाओं और ज्ञान-स्रोतों तक समान रूप से पहुँच पाते हैं। यह न केवल भाषायी बाधाओं को तोड़ता है, बल्कि समाज में सहभागिता, पारदर्शिता और समावेशन की भावना को भी सुदृढ़ करता है।

साथ ही, अनुवाद स्थानीय और वैश्विक दोनों स्तरों पर सहयोग, परस्पर समझ तथा सांस्कृतिक समृद्धि को प्रोत्साहित करता है। यह विविधता के भीतर एकता का सूत्र बनकर भारत की लोकतांत्रिक और सांस्कृतिक आत्मा को सजीव बनाए रखता है। स्पष्ट है कि बहुभाषी समाज में अनुवाद सशक्तिकरण, समानता और सामाजिक समरसता स्थापित करने का एक केंद्रीय स्तंभ है। यदि अनुवाद को आवश्यक प्राथमिकता, संसाधन और संस्थागत समर्थन प्राप्त हो, तो यह भारत की बहुभाषिक और बहुसांस्कृतिक पहचान को स्थायित्व, सशक्तता और गौरव प्रदान करेगा।

संदर्भ :

Gandhi, M. (1920s). Collected Works of Mahatma Gandhi. Navjivan Press.

Roy, A. (2018). W.G. Sebald Lecture, British Library. https://lithub.com

Exeter University, 2023; Chandran, 2018

Ansari, R., & Hasan, M. (2024). Language Policy and Multilingual Education in India. Sage Publications.

रिता कोठारी, 2017 संदर्भ: Kothari, R. (2017). A Multilingual Nation: Translation and Language Dynamic in India.

Baker, M. (2018). In Other Words: A Coursebook on Translation. Routledge.

Chandran, M. (2018). The Practice of Translation in India. Sahapedia.

Exeter University. (2023). Translation and Education: Bridging Linguistic Gaps. University of Exeter Press.

Devy, G. N. (1993). Of Many Heroes: An Indian Essay in Literary Historiography. Orient Blackswan. ISBN: 978-8171561561

Israel, H. (2021). Translation in India: Multilingual Practices and Cultural Histories of Texts. Translation Studies, 14(2), 125-132.

Kothari, R. (2017). A Multilingual Nation: Translation and Language Dynamic in India. Penguin Random House India. ISBN: 978-0143428063

Williams, J., & Chesterman, A. (2013). The Map: A Beginner's Guide to Doing Research in Translation Studies. Routledge.

Williams, A. N. (2018, August 27). International Trade as a Translation Specialization. American Translators Association. https://www.ata-divisions.org/FLD/2018/08/27/international-trade/

Rai, G. (2025). Multilingualism and Multiliteracy in Primary Education in India. ResearchGate. https://www.researchgate.net/publication/331897009

Kothari, R. (2017). A Multilingual Nation: Translation and Language Dynamic in India. Penguin Random House India. ISBN: 978-0143428063

अध्याय-9

बहुभाषिक समाज में अनुवाद और उसका महत्व

गीता विजयकुमार

संवाद और समझ: अनुवाद विभिन्न भाषाओं को बोलने वाले लोगों को एक-दूसरे के विचारों और दृष्टिकोणों को समझने में सक्षम बनाता है।

मानव जीवन में संचार (Communication) एक अत्यंत आवश्यक प्रक्रिया है। विचारों, भावनाओं और सूचनाओं के आदान-प्रदान के बिना समाज की कल्पना करना असंभव है। किंतु जब विभिन्न भाषाओं और संस्कृतियों के लोग आपस में संवाद करते हैं, तो भाषा की भिन्नता बड़ी बाधा बन जाती है। यही स्थान अनुवाद (Translation) का है, जो संचार को सरल, सहज और प्रभावी बनाता है।

यह मूल संदेश को सटीक रूप से संप्रेषित करने के लिए केवल शब्दों का अनुवाद करने से कहीं अधिक है; यह सांस्कृतिक संदर्भ को भी ध्यान में रखता है। जनसंचार माध्यमों, व्यवसाय और अंतर्राष्ट्रीय संवाद में इसकी महत्वपूर्ण भूमिका है ताकि यह सुनिश्चित किया जा सके कि जानकारी सभी के लिए सुलभ हो।

"अनुवाद केवल शब्दों का रूपांतरण नहीं है, बल्कि यह भावों और ऑर्थो को सही ढंग से एक भाषा से दूसरी भाषा में पहुंचने की कल है। आज के वैश्विक युग में अनुवाद के बिना अंतरराष्ट्रीय संचार, शिक्षा, व्यापार, विज्ञान या संस्कृति का आदान-प्रदान संभव नहीं है। अनुवादक समाज, देश और भाषाओं के बीच एक महत्वपूर्ण कड़ी का कार्य करता है।"

अनुवाद की आवश्यकता के मुख्य कारण:

अनुवाद का अर्थ है – किसी एक भाषा के विचार, वाक्य या भाव को दूसरी भाषा में उसी अर्थ और भावनात्मक स्वरूप के साथ प्रस्तुत करना। केवल शब्द बदलना अनुवाद

नहीं है, बल्कि मूल संदेश और उसके भाव को सुरक्षित रखते हुए उसे दूसरी भाषा के पाठक या श्रोता तक पहुँचाना ही वास्तविक अनुवाद है।

संचार में अनुवाद का महत्व

1. भाषाई सेतु का कार्य – जब दो भाषाओं के जानकार लोग आपस में बातचीत नहीं कर पाते, तब अनुवाद एक पुल की तरह कार्य करता है।

उदाहरण: कोई भारतीय वैज्ञानिक अपने शोधपत्र को अंग्रेज़ी में प्रकाशित करता है ताकि दुनिया भर के वैज्ञानिक उसे समझ सकें।

2. शिक्षा और ज्ञान का प्रसार – प्राचीन भारतीय ग्रंथ, जैसे वेद, उपनिषद या आयुर्वेद के शास्त्र जब अन्य भाषाओं में अनूदित हुए, तभी विश्व स्तर पर उनकी महत्ता स्थापित हुई।

उदाहरण: चरक संहिता का अंग्रेज़ी अनुवाद पश्चिमी देशों में आयुर्वेदिक चिकित्सा की नींव बना।

3. व्यापार और व्यवसाय में सहयोग – आज वैश्विक बाज़ार में विभिन्न देशों के व्यापारी एक-दूसरे से जुड़ते हैं। इस प्रक्रिया में अनुवाद की भूमिका महत्वपूर्ण होती है। यह व्यवसायों को उनकी मूल भाषा में ग्राहकों से संवाद करने और अपनी पहुँच का विस्तार करने में मदद करता है।

उदाहरण: किसी मोबाइल कंपनी के उपयोगकर्ता मार्गदर्शिका (User Manual) का विभिन्न भाषाओं में अनुवाद कर उपभोक्ताओं को उपलब्ध कराया जाता है।

4. संस्कृति और साहित्य का आदान-प्रदान – अनुवाद से ही हमें अन्य देशों के साहित्य, कहानियाँ और कविताएँ पढ़ने का अवसर मिलता है। यही नहीं, साहित्यिक अनुवाद Cultural exchange को बढ़ावा देता है, जिससे लोग एक-दूसरे की संस्कृतियों, विचारों और मूल्यों को समझ सकें।

उदाहरण: रवींद्रनाथ टैगोर की रचनाएँ अंग्रेज़ी में अनूदित होने के कारण उन्हें नोबेल पुरस्कार मिला।

5. प्रशासन और अंतर्राष्ट्रीय संबंध – संयुक्त राष्ट्र संघ जैसे संस्थानों में अलग-अलग देशों के प्रतिनिधि बैठते हैं। उनकी भाषाओं के अंतर को पाटने के लिए अनुवादक की भूमिका अनिवार्य होती है।

उदाहरण: संयुक्त राष्ट्र की बैठकों में एक ही भाषण का तत्कालिक अनुवाद अरबी,

चीनी, अंग्रेज़ी, फ्रेंच, रूसी और स्पेनिश भाषाओं में किया जाता है।

6. मीडिया और मनोरंजन – फिल्मों, समाचारों और पुस्तकों के अनुवाद ने दुनिया को और नज़दीक ला दिया है।

उदाहरण: कोरियाई धारावाहिक हिंदी या अंग्रेज़ी में अनूदित होकर भारत सहित कई देशों में लोकप्रिय हो रहे हैं।

अनुवाद की चुनौतियाँ

हर भाषा के अपने मुहावरे, लोकोक्तियाँ और सांस्कृतिक सन्दर्भ होते हैं जिन्हें हू-ब-हू दूसरी भाषा में व्यक्त करना कठिन है।

यदि अनुवादक केवल शब्दों का रूपांतरण करे और भाव को न समझे, तो संदेश गलत भी पहुँच सकता है।

तकनीकी या वैज्ञानिक शब्दावली का सटीक अनुवाद विशेष ज्ञान के बिना संभव नहीं।

रेडियो, टेलीविजन, समाचार पत्र और विज्ञापनों जैसे सभी जनसंचार माध्यमों में अनुवाद का व्यापक रूप से उपयोग होता है ताकि संदेश व्यापक दर्शकों तक पहुँच सकें।

जनसंचार माध्यमों में अक्सर एक संप्रेषण-केंद्रित अनुवाद प्रणाली का उपयोग किया जाता है, जहाँ अनुवादक मूल संदेश को स्पष्ट और प्रभावी बनाने के लिए सुधार कर सकता है।

मीडिया और पत्रकारिता जैसे क्षेत्रों में, अनुवादक को न केवल तथ्यों को सही ढंग से प्रस्तुत करना होता है, बल्कि संदेश की भावना और बारीकियों को भी बनाए रखना होता है, जिससे पत्रकारिता की अखंडता बनी रहे।

संज्ञानात्मक और सामाजिक कौशल:

अनुवाद का अभ्यास संज्ञानात्मक कौशल को बढ़ाता है, जैसे समस्या-समाधान और रचनात्मकता। यह सहानुभूति, दृष्टिकोण और अंतर-सांस्कृतिक क्षमता जैसे सामाजिक और भावनात्मक कौशल में भी सुधार कर सकता है।

समावेशिता को बढ़ावा:

अनुवाद सुनिश्चित करता है कि जिन लोगों की मातृभाषा भिन्न है, उन्हें भी सूचना,

सेवाएँ और अवसर समान रूप से उपलब्ध हों।

यह भाषाई प्रभुत्व को कम करके समावेशी वातावरण बनाता है, खासकर शिक्षा, स्वास्थ्य सेवा और न्याय व्यवस्था जैसे क्षेत्रों में।

अल्पसंख्यक अधिकारों का संरक्षण: यह संविधान द्वारा प्रदत्त अल्पसंख्यक नागरिकों के अपनी भाषा और संस्कृति को संरक्षित करने के अधिकार को सुनिश्चित करने में मदद करता है।

विभिन्न भाषाओं के अध्ययन-विश्लेषण के लिए अनुवाद के द्वारा ही व्यक्ति को यह ज्ञात होता है कि, एक वाक्य में किस शब्द का क्या अर्थ है। उसके पश्चात् ही वह दोनों में समानता तथा असमानता के बिन्दु से अवगत हो पाता है। अतः व्यतिरेकी भाषा विश्लेषण को अनुवादात्मक विश्लेषण (ट्रांसलेटिव एनालसिस) भी कहा गया है। तुलनात्मक साहित्य विवेचन में साहित्यों के तुलनात्मक अध्ययन के साधन रूप में अनुवाद के प्रयोग के द्वारा सदृश-विसदृश अंशों का अर्थबोध होता है, जिससे अंशों की तुलना की जा सके। इसके अतिरिक्त अन्य भाषा साहित्य की कृतियों के अनुवाद का अभ्यास करना अथवा/और उन्हें अनूदित रूप में पढ़ना तुलनात्मक साहित्य विवेचन में अनुवाद के योगदान का उदाहरण है।

निष्कर्ष

अनुवाद आज की वैश्विक दुनिया में संचार का सबसे बड़ा साधन है। यह न केवल विचारों का आदान-प्रदान करता है, बल्कि देशों, समाजों और संस्कृतियों को जोड़ने वाला पुल भी है। शिक्षा, विज्ञान, व्यापार, साहित्य और कूटनीति-हर क्षेत्र में अनुवाद की आवश्यकता स्पष्ट रूप से दिखाई देती है। सही मायनों में, अनुवाद के बिना संचार अधूरा और सीमित रह जाएगा।

इस प्रकार हम कह सकते हैं कि अनुवाद संचार की आत्मा है, जो भिन्न भाषाओं और संस्कृतियों को जोड़कर विश्व को एक परिवार के रूप में स्थापित करता है। बहुभाषिक समाज में अपने व्यापकतम रूप में अनुवाद भाषा की शक्ति में संवर्धन करता है, पाठों की व्याख्या एवं निर्वचन में सहायक है, भाषा तथा विचार के बीच सम्बन्ध को स्पष्ट करता है, ज्ञान का प्रसार करता है, संस्कृति का संवाहक है, तथा राष्ट्रों के मध्ये परस्पर अवगमन और सद्भाव की वृद्धि में योगदान करता है।

अध्याय-10

बहुभाषिक समाज में अनुवाद की आवश्यकता

नरेंद्र सिंह परिहार

आज के युग में जहां सारा विश्व आधुनिक संचार प्रणाली से एक हो गया है, वहां अनुवाद बहुत ही प्रासंगिक और महत्वपूर्ण है। आज के वैश्वीकृत विश्व में, जहां विभिन्न भाषाओं और संस्कृतियों का मेल-जोल बढ़ रहा है, बहुभाषिक समाज में अनुवाद की भूमिका अत्यंत आवश्यक हो गई है। हम यहां इस विषय पर मुख्य बिंदुओं को विस्तार से समझ लें तो बेहतर। इस व्याख्या को हम संरचित रूप से प्रस्तुति को पहले बहुभाषिक समाज की अवधारणा, फिर अनुवाद की आवश्यकता के विभिन्न आयाम, और अंत में चुनौतियां एवं समाधान के माध्यम से समझेंगे।

सामान्य ज्ञान क्या है, सामाजिक विज्ञान क्या है और वैश्विक स्तर पर अनुवाद की जरूरत किस आधार पर है, समझना होगा ताकि यह व्यापक और उपयोगी बने।

1. बहुभाषिक समाज की अवधारणा

बहुभाषिक समाज वह समाज और परिवेश है जहां एक से अधिक भाषाएं बोली जाती हैं और उपयोग की जाती हैं। यह केवल राष्ट्रीय स्तर पर नहीं, बल्कि वैश्विक स्तर पर भी लागू होता है। उदाहरण के लिए, भारत जैसे देश में हिंदी, अंग्रेजी, तमिल, बंगाली, मराठी, पंजाबी, तेलुगु आदि दर्जनों भाषाएं और बोलियां सह-अस्तित्व में हैं।

यूरोपीय संघ में 24 आधिकारिक भाषाएं हैं, जबकि संयुक्त राष्ट्र में 6 आधिकारिक भाषाएं (अंग्रेजी, फ्रेंच, स्पेनिश, चीनी, रूसी और अरबी) हैं। वैश्वीकरण के कारण, प्रवास, व्यापार और डिजिटल कनेक्टिविटी ने बहुभाषिकता को बढ़ावा दिया है।

बहुभाषिकता के फायदे : सांस्कृतिक विविधता, नवाचार, और सामाजिक समावेश के साथ प्रायोगिक आवश्यकता के साथ व्यापार और विज्ञान के अदन प्रदान के लिए जहां

जरूरत है वहीं यह चुनौतियां भी लाती है, जैसे संचार की बाधाएं और भाषीय जटिलता और भावानुवाद की आवश्यकता। यहां अनुवाद की भूमिका आती है। अनुवाद न केवल शब्दों का रूपांतरण है, बल्कि अर्थ, भावना और सांस्कृतिक संदर्भों का पुल है। अनुवादक को भाषाई कुशलता के साथ-साथ सांस्कृतिक समझ भी होनी चाहिए। उदाहरणस्वरूप, एक अंग्रेजी वाक्य "It's raining cats and dogs" का हिंदी अनुवाद "मूसलाधार बारिश हो रही है" होना चाहिए, न कि शाब्दिक अनुवाद, क्योंकि यह मुहावरा है।

बहुभाषिक समाज में अनुवाद की आवश्यकता इसलिए भी है क्योंकि भाषा संचार का आधार है। बिना अनुवाद के, जानकारी का आदान-प्रदान रुक जाता है, जो सामाजिक, आर्थिक और राजनीतिक असमानता को जन्म देता है। विश्व बैंक की रिपोर्ट्स बताती हैं कि भाषाई बाधाएं विकासशील देशों में शिक्षा और स्वास्थ्य सेवाओं को प्रभावित करती हैं। इसलिए, अनुवाद को एक आवश्यक उपकरण के रूप में देखा जाना चाहिए।

2. संचार और सामाजिक एकीकरण में अनुवाद की आवश्यकता

बहुभाषिक समाज में संचार सबसे बड़ा चुनौतीपूर्ण क्षेत्र है। लोग विभिन्न भाषाओं में सोचते, बोलते और लिखते हैं। अनुवाद इस अंतर को पाटता है। उदाहरण के लिए, सोशल मीडिया प्लेटफॉर्म्स जैसे फेसबुक, व्हाट्स ऐप पर, उपयोगकर्ता विभिन्न भाषाओं में पोस्ट करते हैं। गूगल ट्रांसलेट या माइक्रोसॉफ्ट ट्रांसलेटर जैसे टूल्स स्वचालित अनुवाद प्रदान करते हैं, जो वैश्विक संवाद को संभव बनाते हैं। लेकिन मशीन अनुवाद अभी भी अपूर्ण है; यह सांस्कृतिक बारीकियों को छोड़ देता है साथ ही मुहावरे या बोलचाल के क्षेत्रीय शब्द और उसका भाव न समझने के कारण अधूरा अनुवाद करता है जो कभी कभी अर्थ को लेकर विवाद के रूप में भी बाहर आता है।

सामाजिक एकीकरण के संदर्भ में, प्रवासियों के लिए अनुवाद महत्वपूर्ण है। यूरोप में, जहां लाखों शरणार्थी आते हैं, सरकारी दस्तावेजों का अनुवाद उनकी भाषा में उपलब्ध कराना आवश्यक है। अन्यथा, वे कानूनी अधिकारों से वंचित रह जाते हैं। संयुक्त राष्ट्र की रिपोर्ट्स के अनुसार, भाषाई बाधाएं सामाजिक अलगाव को बढ़ाती हैं, जो मानसिक स्वास्थ्य समस्याओं का कारण बन सकती हैं। अनुवाद यहां एक पुल का काम करता है, जो समावेशी समाज बनाता है और उनके सामूहिक विकास को धर्म, जाति, गोरे काले, अंचल की हिमायती व्यक्तव्यों से दूर ले जाता है और अपनत्व बढ़ाता है।

शिक्षा में भी अनुवाद की भूमिका अहम है

बहुभाषिक कक्षाओं में, जहां छात्र, छात्राएं विभिन्न भाषाओं से आते हैं, वहां शिक्षण

सामग्री का अनुवाद जरूरी है। भारत में, जहां 22 आधिकारिक भाषाएं हैं, एनसीईआरटी की किताबों का विभिन्न भाषाओं में अनुवाद किया जाता है। बिना अनुवाद के, शिक्षा असामान्य हो जाती है। यूनेस्को के अनुसार, विश्व में 40% बच्चे अपनी मातृभाषा में शिक्षा नहीं पाते, जो सीखने की दर को प्रभावित करता है। अनुवाद इस असमानता को कम करता है।

3. आर्थिक और व्यापारिक आयाम

वैश्विक अर्थव्यवस्था में अनुवाद एक महत्वपूर्ण कारक है। बहुभाषिक समाज में व्यापार के लिए, उत्पाद विवरण, अनुबंध और विज्ञापन का अनुवाद आवश्यक है। उदाहरण के लिए, अमेज़न या अलीबाबा जैसे ई-कॉमर्स प्लेटफॉर्म्स विभिन्न भाषाओं में उपलब्ध हैं। अगर कोई भारतीय उत्पाद चीनी बाजार में बेचना चाहे, तो सूचना पटल और निर्देशों का चीनी की पढ़ी-लिखी भाषा में अनुवाद जरूरी है। अन्यथा, बाजार तक पहुंच सीमित रह जाती है।

व्यापार समझौतों में, जैसे कि आरसीईपी या यूएसएमसीए, दस्तावेजों का सटीक अनुवाद महत्वपूर्ण है। एक छोटी सी अनुवाद गलती कानूनी विवाद पैदा कर सकती है। विश्व व्यापार संगठन (डब्ल्यूटीओ) की बैठकों में अनुवादकों की टीम काम करती है। आर्थिक अध्ययनों से पता चलता है कि भाषाई बाधाएं वैश्विक व्यापार को 20% तक कम कर सकती हैं। अनुवाद इस कमी को पूरा करता है, रोजगार सृजन करता है और आर्थिक विकास को बढ़ावा देता है।

पर्यटन उद्योग में भी अनुवाद की आवश्यकता स्पष्ट है। पर्यटक गाइड, मेनू और साइनबोर्ड का अनुवाद पर्यटकों को आकर्षित करता है। भारत जैसे बहुभाषिक देश में, जहां पर्यटन एक बड़ा क्षेत्र है, अनुवाद सेवाएं लाखों लोगों को रोजगार देती हैं।

कोविड-19 महामारी के दौरान, स्वास्थ्य सूचनाओं का विभिन्न भाषाओं में अनुवाद जीवन रक्षक साबित हुआ।

4. सांस्कृतिक और साहित्यिक महत्व

बहुभाषिक समाज में सांस्कृतिक आदान-प्रदान अनुवाद पर निर्भर है। साहित्य, फिल्म और संगीत का अनुवाद संस्कृतियों को जोड़ता है। उदाहरण के लिए, रवींद्रनाथ टैगोर की गीतांजलि का अंग्रेजी अनुवाद ने उन्हें नोबेल पुरस्कार दिलाया। राजकपूर की फिल्मों के साथ उसकी लोकप्रियता को अनुवाद ने बढ़ाया। बिना अनुवाद के, विश्व साहित्य सीमित

रह जायेगा। हॉलीवुड फिल्मों का हिंदी डबिंग, दक्षिण की फिल्मों की लोकप्रियता में सबटाइटल भारतीय और क्षेत्रीय दर्शकों तक पहुंचाता है।

सांस्कृतिक संरक्षण में अनुवाद महत्वपूर्ण है। लुप्तप्राय भाषाओं की सामग्री का अनुवाद उन्हें जीवित रखता है।

यूनेस्को की सांस्कृतिक विविधता संधि अनुवाद को प्रोत्साहित करती है। लेकिन अनुवाद में सांस्कृतिक संवेदनशीलता जरूरी है; अन्यथा, यह सांस्कृतिक विनियोजन का कारण बन सकता है। उदाहरणस्वरूप बंगाली, मराठी के कई शब्दों का हिंदी अनुवाद में वहां की सांस्कृतिक परंपराओं को सही ढंग से अभी व्यक्त करना चाहिए।

मीडिया में अनुवाद की भूमिका बढ़ रही है

न्यूज चैनल जैसे बीबीसी या अल जजीरा विभिन्न भाषाओं में प्रसारित होते हैं। ऐसे में फेक न्यूज को रोकने के लिए सटीक अनुवाद जरूरी है। सोशल मीडिया पर वायरल सामग्री का गलत अनुवाद दंगे भड़का सकता है, जैसा कि म्यांमार में रोहिंग्या संकट के दौरान हुआ।

5. राजनीतिक और कानूनी आयाम

राजनीति में अनुवाद शक्ति का स्रोत है। बहुभाषिक समाज में, चुनावी घोषणापत्रों और नीतियों का अनुवाद मतदाताओं तक पहुंचाता है। भारत में, जहां विभिन्न भाषाई समूह हैं, अनुवाद राजनीतिक समावेश सुनिश्चित करता है। राजनैतिक दलों के राष्ट्रीय सभाओं में अनुवादकों की भूमिका विश्व शांति के लिए और राष्ट्र के लिए आवश्यक है।

कानूनी क्षेत्र में, अनुवाद की आवश्यकता सर्वोच्च है। अंतरराष्ट्रीय अदालतों में, जैसे कि आईसीजे, दस्तावेजों का सटीक अनुवाद न्याय सुनिश्चित करता है। प्रवासियों के लिए, अदालती कार्यवाही का अनुवाद उनके अधिकारों की रक्षा करता है। यूरोपीय संघ के कानूनों का 24 भाषाओं में अनुवाद किया जाता है। गलत अनुवाद मानवाधिकार उल्लंघन का कारण बन सकता है।

स्वास्थ्य और आपदा प्रबंधन में अनुवाद जीवन बचाता है। महामारी के दौरान, वैक्सीन सूचनाओं का अनुवाद विभिन्न भाषाओं में उपलब्ध कराना आवश्यक था। डब्ल्यूएचओ विभिन्न भाषाओं में दिशानिर्देश जारी करता है।

वहीं भारत में अभी भी कानूनी भाषा क्षेत्रीय भाषा में अवतरित नहीं हुई इस कारण कई वादी न्याय के प्रसंगों पर विचार नहीं रख पाते।

6. तकनीकी प्रगति और अनुवाद

आधुनिक तकनीक ने अनुवाद को आसान बनाया है। एआई-आधारित टूल्स जैसे न्यूरल मशीन ट्रांसलेशन (एनएमटी) सटीकता बढ़ा रहे हैं। गूगल का ट्रांसलेट 100+ भाषाओं का समर्थन करता है। लेकिन मानव अनुवाद अभी भी जरूरी है, क्योंकि एआई संदर्भों को समझने में कमजोर है और कई बार स्वयं की असमर्थता व्यक्त करता है। कहीं कहीं यह भी लगता है कि आधुनिक संचार प्रणाली में कई बोलियों के सांस्कृतिक और सामाजिक इतिहास को अनुवाद के माध्यम से सुरक्षित कर वहां विश्व के स्तर पर खड़ी भाषा जिन्हें वे भी समझे और बोलते हों में अनुवाद कर सामूहिक बोलचाल की भाषा को संरक्षित करना ही बहुभाषिक समाज में, डिजिटल सामग्री का अनुवाद इंटरनेट एक्सेस को बढ़ा देगा और स्वीकार्य होगा। विकिपीडिया का विभिन्न भाषाओं में अनुवाद ज्ञान का लोकतंत्रीकरण करता है, लेकिन डिजिटल उपकरण के कारण, कम उपयोग वाली भाषाओं में अनुवाद कम है इसे हम गलत भी नहीं समझते।

7. चुनौतियां और समाधान

अनुवाद की चुनौतियां: सटीकता, लागत, और सांस्कृतिक पूर्वाग्रह से परे समाधान प्रशिक्षित अनुवादकों की टीम, एआई का उपयोग, और नीतियां। सभी देशों की सरकारों को अनुवाद को प्राथमिकता देनी चाहिए।

उदाहरणस्वरूप, कनाडा जैसे द्विभाषी देश में अनुवाद कानूनी आवश्यकता है। भारत में बहुभाषीय और कई बोलियों से राष्ट्रीय अनुवाद मिशन भाषाई समानता को बढ़ावा देता है।

अंत में बहुभाषिक समाज में अनुवाद संचार, विकास और सद्भाव का आधार है। यह न केवल आवश्यक है, बल्कि एक निवेश है जो समावेशी विश्व बनाता है। हमें अनुवाद को मजबूत बनाने के लिए प्रयास जारी रखने चाहिए।

हमारे देश में हमें कई बोलियों को समेटना होगा और दक्षिण को उत्तर की ओर उत्तर को दक्षिण की भाषा को बोलना भी सीखना होगा। इस क्रम में विभिन्न भाषा के साहित्यिकार अपना योगदान दे रहे हैं। परंतु कहीं-कहीं वे बोलियों के अहम में जकड़े हुए हैं जहां उनकी परिभाषा कई बार अनुवाद के दृष्टांत में झलकती है।

इसके साथ पाठक और उपयोग करनेवाले व्यक्ति को अपने वाचन में गंभीरता लानी होगी।

अध्याय-11

एक सफल अनुवादक के गुण

सलमा जमाल

एक सफल अनुवादक के गुण

अनुवाद को समझने से पहले हमें यह जानना ज़रूरी कि अनुवाद है क्या? एक भाषा (स्रोत भाषा) के लिखित पाठ या संदेश को दूसरी भाषा (लक्ष्य भाषा) में उसके मूल अर्थ, भाव, शैली और सन्दर्भ की यथासम्भव बनाये रखते हुये रूपांतरित करना है। इसे केवल शब्दों को बदलकर नहीं किया जा सकता। बल्कि उसके विचार और सांस्कृतिक संदर्भ को भी दूसरी भाषा के पाठक या जानने के इच्छुक व्यक्ति के लिये या समझाने के लिये स्वाभाविक और आसान तरीके से प्रस्तुत करना होता है। जो पाठक या जिज्ञासु व्यक्ति क लिये समझना आसान कर दें।

अनुवाद के सोपान

अनुवाद का मूल उद्देश्य यह तै करता होता है कि लक्षित भाषा में व्यक्त किया गया संदेश स्रोत भाषा के संदेश के समान अर्थ दे। अनुवाद के लिये दोनों भाषाओ से जुड़ी हुयी संस्कृतियों की समझ हो। क्योंकि संस्कृति पाठ के अर्थ और शैली को प्रभावित करती है। अच्छा अनुवाद मूल पाठ के संदर्भ, शैली, लहज़े और उद्देश्य को ज्यों का त्यों रखता है। उसे बदलाव महसूस नहीं होता, जिससे पाठक को वही अनुभव मिल सके, जो मूलभाषा के पढ़ने पर मिलता है। अनुवाद भाषाओं के बीच एक सेतु का काम करता है। जिससे कहानियां, विचार और जानकारी उन लोगों तक पहुंचती है जो मूल भाषा को नहीं जान पाते।

अनुवादक के गुण

1. लक्ष्य की जानकारी

एक अच्छा अनुवादक न केवल 'क्या' कहा गया था, बल्कि यह भी कि 'कैसे' और 'क्यों' कहा गया था। इसे भी व्यक्त करता है। यह मूल पाठक की भावना और आशय को लक्ष्य भाषा में इस तरह प्रस्तुत करता है कि लक्षित दर्शक या पाठक के लिए स्वाभाविक व सरल रूप से समझ आ सके।

2. अनुवादक को सांस्कृतिक ज्ञान

अनुवाद के लिए एक सफल अनुवादक को दोनों भाषाओं से जुड़ी संस्कृतियों की गहरी समझ होनी चाहिए, क्योंकि हर भाषा की संस्कृति पाठ के अर्थ और शैली को प्रभावित करती है।

3. संदर्भ का संरक्षण

एक सफल अनुवादक मूल पाठ के संदर्भ शैली लहज़े और उद्देश्य को भी नष्ट होने नहीं देता, जिससे पाठक को वही अनुभव मिल सके जो मूल भाषा के पढ़ने पर मिलता है।

4. अनुवादक सेतु की भांति

एक अच्छा अनुवादक दो भाषाओं के बीच में सेतु की भांति कार्य करता है। जो मूल भाषा का अर्थ, भाव, शैली को पाठक तक उसी भाव में पहुंचाता है।

5. प्रबंधन की क्षमता

एक सफल अनुवादक में स्रोत और लक्ष्य दोनों भाषाओं का गहन ज्ञान, अनुसंधान कौशल, सटीक व्याकरण और वर्तनी, सांस्कृतिक संवेदनशीलता, विषय वस्तु का ज्ञान, रचनात्मकता आत्म अनुशासन और समय प्रबंधन की क्षमता होनी चाहिए, ताकि वह मूल पाठ के अर्थ और भावना को बनाए रख सके।

6. उन्नत भाषा का ज्ञान

अनुवादक को स्रोत और लक्ष्य दोनों भाषाओं में धारा प्रवाह होना चाहिए। उनकी प्रकृति, व्याकरण शैली और मुहावरों की समझ होना चाहिए। तभी वह अनुवाद कर सकता है।

7. व्याकरण और वर्तनी की शुद्धता

अनुवाद में व्याकरण त्रुटियां नहीं होना चाहिए और वर्तनी शुद्ध होना चाहिए।

8. विषय विशेषज्ञता

एक सफल अनुवादक को जिस विषय का अनुवाद करना है, उसका गहन ज्ञान होना चाहिए।

9. सांस्कृतिक संवेदन शीलता

अनुवादक के सफल गुणों में सांस्कृतिक संवेदनशीलता भी आती है। सांस्कृतिक बारीकियों को समझना और लक्षित दर्शकों की सांस्कृतिक प्रथाओं और संदर्भों का ज्ञान रखना अति आवश्यक है।

10. अनुसंधान कौशल

अनुवादक में स्पष्ट या कठिन शब्दों और वाक्यों को समझने के लिए गहन शोध की क्षमता होना चाहिए। तब वह मजबूत अनुसंधान कौशल माना जाएगा।

11. रचनात्मकता

नए शब्दों के गठन और शब्द निर्माण की प्रक्रिया से अवगत होना चाहिए, जिससे सुपाठ्य और सहज अनुवाद किया जा सके।

12. C A T उपकरणों का ज्ञान

कंप्यूटर और असिस्टेंट ट्रांसलेशन (CAT) जैसे मेमोक, वर्ड फास्ट आदि टूल्स और माइक्रोसॉफ्ट ऑफ़िस प्रोग्रामों की समझ होना चाहिए।

13. स्वतंत्र विचार शक्ति

अनुवादक की अपनी एक स्वच्छ विचार शक्ति होनी चाहिए। ऐसा नहीं कि वह स्रोत ग्रंथ पर ही पूरी तरह आधारित नहीं होना चाहिए। अगर स्वयं की एक विचार शक्ति होगी तो वह चिंतन कर सके और शोध ग्रंथ में अपनी तरफ़ से भी कुछ जोड़ सके, अनुवाद कर सके, चिंतन कर सके।

14. अनुवाद की प्रतिभा

अनुवादक के अंदर एक प्रतिभा होना चाहिए, जो लोकोत्तर हो। आसानी से अनुवाद

कर सके, उसे आनंद प्राप्ति हो सके, आसानी से प्रसन्नचित होकर कार्य कर सके।

15. अनुवाद विधा का ज्ञान

एक अनुवादक को अनुवाद विधा का पूरा ज्ञान होना चाहिए। अनुवाद के प्रकार व किस प्रकार से भावानुवाद, शब्द अनुवाद सारानुवाद या अनुवाद करते समय कौन-कौन सी प्रक्रिया अपनाई जाती है। विश्लेषण, पुनर्गठन किस प्रकार से होता है।

16. मौलिकता व प्रमाणिकता की क्षमता

एक अनुवादक में मौलिकता व प्रमाण एकता की क्षमता होना चाहिए अनुवादक, अनुवाद के भीतर मौलिकता व प्रमाणिकता ला सके, समावेश करे।

17. व्यक्तित्व और पेशेवर गुण

एक सफल अनुवादक में पेशेवर गुण का होना और अच्छा व्यक्तित्व होना आवश्यक है।

1. आत्मा अनुशासन और समय प्रबंधन के गुण होना चाहिए। कम समय सीमा के अंदर पूरा करता हो। जिसमें अच्छा संगठनात्मक कौशल का गुण हो।

2. समय सीमाओं के साथ-साथ विशेष अनुरोधों को पूरा करने के लिए लचीला होना चाहिए।

3 . मूल पाठ और रचनाकार के साथ न्याय करने के लिए संवेदनशील, तार्किक और सहृदय होना चाहिए।

4. ज़रूरत पड़ने पर क्लाइंट से अतिरिक्त जानकारी मांगने में संकोच नहीं करना चाहिए, जो विश्वसनीय को बढ़ता है। ऐसी विनम्रता होना चाहिए।

5. प्रभावी संचार के लिए सक्रिय रूप से सुनने का अभ्यास करना चाहिए। हम कह सकते हैं कि एक सफल अनुवादक को सक्रिय श्रोता होना चाहिए।

निष्कर्ष

अन्त में हम कह सकते हैं कि एक सफल अनुवादक में उपरोक्त गुणों का होना आवश्यक है। तभी वह एक सफल अनुवादक कहलाएगा। वह अनुवाद के माध्यम से हमें स्रोत भाषा से लक्ष्य भाषा में पाठक गण को भी सफलतापूर्वक आसानी से समझा पाएगा।

अध्याय-12

सांस्कृतिक अनुवाद और चुनौतियाँ

डॉ. नेहा कौशिक

सारांश (Abstract)

भारतीय समाज में भाषिक विविधता अत्यंत गहन है, जहाँ अनुवाद केवल भाषाई सेतु नहीं, बल्कि सांस्कृतिक संवाद का माध्यम बनता है। यह शोध पत्र सांस्कृतिक अनुवाद की अवधारणा को बहुभाषिक भारतीय परिप्रेक्ष्य में विश्लेषित करता है, साथ ही इसकी प्रमुख चुनौतियों और संभावनाओं को रेखांकित करता है। शिक्षा, साहित्य, प्रशासन और मीडिया में अनुवाद की भूमिका को समझते हुए यह अध्ययन बहुभाषिकता को समावेशिता और संवादशीलता की दिशा में ले जाने का प्रयास करता है।

बीज शब्द: संस्कृति, अनुवाद, बहुभाषिकता, सेतु, मुहावरे, शिक्षा आदि

प्रस्तावना

अनुवाद एक ऐसा सशक्त माध्यम है जिसके माध्यम से दो भिन्न भाषाओं के बीच संवाद संभव है। वर्तमान में भारतीय संविधान की आठवीं अनुसूची के अंतर्गत 22 भाषाओं को स्थान प्राप्त है। सर्वप्रथम इनकी संख्या 14 रही, बाद में संविधान संशोधन के माध्यम से सन् 1967 ई वी में सिंधी भाषा (21 वाँ), सन् 1992 ई वी में कोंकणी भाषा, मणिपुरी भाषा और नेपाली भाषा (71 वाँ) और सन् 2003 ईवी में बोड़ो भाषा, डोगरी भाषा, मैथिली भाषा और संथाली भाषा (92 वाँ) को शामिल किया है। इस प्रकार भारत में भाषाओं की बहुलता केवल संख्यात्मक नहीं, बल्कि सांस्कृतिक विविधता का प्रतीक है। ऐसे समाज में अनुवाद की भूमिका केवल संप्रेषण की नहीं, बल्कि संवेदनात्मक और सांस्कृतिक सेतु की

होती है। यह शोध पत्र इसी भूमिका को केंद्र में रखकर सांस्कृतिक अनुवाद की जटिलताओं और संभावनाओं का विश्लेषण करता है।

भारत जैसे बहुभाषिक देश में अनुवाद का महत्व अत्यधिक है। विभिन्न भाषाओं से अनुवाद कार्य का उद्देश्य भाषा और साहित्य की समृद्धि के अतिरिक्त एक दूसरे को समझना तथा इस प्रकार अनुवाद संस्कृति का भी आदान-प्रदान करता है। मूलत: अनुवाद एक भाषा से दूसरी भाषा की पाठ्य सामग्री को हू ब हू रूपांतरित करना ही नहीं है बल्कि एक संस्कृति का दूसरी संस्कृति में स्थानांतरण है। इस तरह जब एक भाषा के साहित्य का दूसरी भाषा में अनुवाद कार्य किया जाता है तब उसकी विचारधारा और संस्कृति का भी दूसरी भाषा में स्थानांतरण स्वत: हो ही जाता है। यह कहा जा सकता है कि अनुवाद सांस्कृतिक पहचान का सार्थक उपकरण बनता है।

सांस्कृतिक अनुवाद की अवधारणा

- सांस्कृतिक अनुवाद वह प्रक्रिया है जिसमें भाषा के साथ-साथ संस्कृति, प्रतीक, भाव और दृष्टिकोण का रूपांतरण होता है।
- यह केवल शब्दों का नहीं, बल्कि सांस्कृतिक अनुभवों का अनुवाद है।

बहुभाषिक समाज के अंतर्गत ज्ञान-विज्ञान के विकास को जोड़ने के लिए अनुवाद की आवश्यकता होती है। हिंदी साहित्य में रचनाकार भी भिन्न-भिन्न भाषाओं का उपयोग करते आए हैं। प्राचीन काल से ही टिकाओं-टिप्पणी के रूप में पाठक के सम्मुख सरल रूप में प्रस्तुत किया जाता रहा है। यह भी अनुवाद का ही रूप माना जाता है। कवि कालिदास ने संस्कृत भाषा के साथ-साथ शौरसेनी, मागधी प्राकृत का प्रयोग किया है। मैथिली कवि विद्यापति ने अवहट्ट, संस्कृत और मैथिली में रचनाएँ प्राप्त होती हैं। आधुनिक युग के रचनाकारों में भारतेन्दु हरिश्चन्द्र, प्रेमचंद और उपेंद्रनाथ अश्क जैसे कई लेखकों ने हिंदी और उर्दू में रचनाओं को रचा है।

भारतीय बहुभाषिकता का परिदृश्य

- संविधान की आठवीं अनुसूची में 22 भाषाएँ को स्थान दिया गया है। जिनमें आसामिया, बांग्ला, बोडो, डोगरी, गुजराती, हिंदी, कन्नड़, कश्मीरी, कोंकणी, मैथिली, मलयालम, मणिपुरी, मराठी, नेपाली, उड़िया, पंजाबी, संस्कृत, संथाली, सिंधी, तमिल, तेलुगू और उर्दू है। इन भाषाओं में रचित साहित्यिक रचनाओं में विद्यमान लेखक के

विचारों को अन्य भाषा के पाठकों तक पहुँचाने का कार्य अनुवाद के माध्यम से किया जाता है।

- भाषिक विविधता के साथ धार्मिक, क्षेत्रीय और सामाजिक विविधता का समावेश- भारत जैसे देश में भाषिक विविधता केवल भाषाओं तक सीमित नहीं रहती है, अपितु यह धार्मिक, क्षेत्रीय और सामाजिक विविधताओं से गहराई से जुड़ी होती है। इन सभी आयामों का समावेश भारतीय समाज को बहुआयामी और समावेशी बनाता है।
- बहुभाषिकता और बहुसांस्कृतिकता का अंतर्संबंध- संसार में भाषाओं की विविधता सांस्कृतिक विविधता को दर्शाती है और सांस्कृतिक विविधता भाषाओं को जीवंत बनाए रखती है। दोनों मिलकर सामाजिक समावेश, संवाद और पहचान को सशक्त करते हैं।

सांस्कृतिक अनुवाद की मुख्य चुनौतियाँ

1. **भावानुवाद की कठिनाई:** इसके अंतर्गत कविताओं के अनुवाद आते हैं। जिनमें अनुवादक की भूमिका अत्यंत महत्वपूर्ण हो जाती है। कविता में शब्दों के भिन्न-भिन्न अर्थ होते हैं जिन्हें अनुवादक अत्यधिक सहजता से लक्ष्य पाठक के सम्मुख प्रस्तुत करता है। शब्दों में छिपे भावों और सांस्कृतिक प्रतीकों का सटीक अनुवाद कर पाना चुनौतीपूर्ण कार्य होता है।
2. **मुहावरे और लोकप्रतीकों की पुनर्रचना:** प्रत्येक भाषा में अपने मुहावरे व लोकप्रतीक विद्यमान होते हैं। पारंपरिक भाषा-रूपों को नए सामाजिक, सांस्कृतिक और रचनात्मक संदर्भों में ढालना, ताकि वे समकालीन अनुभवों को अभिव्यक्त कर सकें। यह प्रक्रिया साहित्य, अनुवाद और शिक्षा में नवाचार का माध्यम बनती है। अनुवादक को विभिन्न चुनौतियों का सामना करना पड़ता है जिनमें पारंपरिक मुहावरों को समकालीन भावों से जोड़ना जैसे 'नाक में दम करना', विदेशी प्रतिकों को स्थानीय प्रतिकों के समतुल्य अनुवाद करना जैसे 'Apple of my eye'- 'आँखों का तारा', 'घूँघट', 'चुड़ियाँ', 'रामराज्य', 'कर्मयोग' आदि।
3. **अनुवादक की सांस्कृतिक समझ:** अनुवाद प्रक्रिया का एक अत्यंत महत्वपूर्ण पक्ष है। यह केवल शब्दों का रूपांतरण नहीं, बल्कि सांस्कृतिक अर्थों, प्रतीकों, संदर्भों और भावनाओं का संवेदनशील और सटीक संप्रेषण है। अनुवादक को स्रोत और लक्ष्य भाषाओं की सामाजिक, ऐतिहासिक, धार्मिक, भाषिक और भावनात्मक पृष्ठभूमि को

समझना और उसका सम्मानपूर्वक अनुवाद करना होता है। जैसे अँग्रेजी में 'Break the Ice' हिंदी में शाब्दिक अनुवाद नहीं, बल्कि 'चुप्पी तोड़ना' या 'बातचीत की शुरुआत करना' जैसे सांस्कृतिक रूपांतरण आवश्यक हैं। हिंदी प्रतीक: 'चूड़ियाँ पहनना' अंग्रेज़ी में केवल 'wearing bangles' नहीं, बल्कि 'symbol of femininity or helplessness (contextually)' के रूप में समझना होगा।

4. हाशिए की भाषाओं का प्रतिनिधित्व: भाषा, संस्कृति और पहचान के विमर्श में एक महत्वपूर्ण विषय है। यह वे भाषाएँ हैं जिन्हें राजनीतिक, सामाजिक, शैक्षिक या साहित्यिक मुख्यधारा में पर्याप्त स्थान नहीं मिला, और जो अक्सर स्थानीय, आदिवासी, अल्पसंख्यक या वंचित समुदायों से जुड़ी होती हैं। जैसे भौजपुरी, छत्तीसगढ़ी, गोंडी, बंजारा, लद्दाखी आदि भाषाएँ व्यापक रूप से बोली जाती हैं, लेकिन आठवीं अनुसूची में शामिल नहीं हैं।

संभावनाएँ

- शिक्षा में समावेशिता: बहुभाषिक छात्रों के लिए द्विभाषिक पाठ्य सामग्री को तैयार करना।
- साहित्यिक संवाद: अनुवाद के माध्यम से क्षेत्रीय साहित्य का राष्ट्रीय और अंतरराष्ट्रीय स्तर पर प्रसार।
- प्रशासनिक पारदर्शिता: योजनाओं और नीतियों का क्षेत्रीय भाषाओं में अनुवाद, जिससे सामान्य जन सीधे सरल शब्दों में योजनाओं और नीतियों को समझ पायें।
- मीडिया और डिजिटल प्लेटफॉर्म: यह माध्यम भाषाओं और संस्कृतियों के बीच संवाद, पुनर्रचना और समावेश को संभव बनाने में सक्षम हैं। समाज में विभिन्न भाषाओं में बनी फिल्मों के उपशीर्षक और डबिंग में सांस्कृतिक अनुवाद की अपार संभावनाएं है।

निष्कर्ष

भारतीय बहुभाषिक समाज में सांस्कृतिक अनुवाद एक सामाजिक, शैक्षणिक और सांस्कृतिक आवश्यकता व उपयोगिता है। सांस्कृतिक परिप्रेक्ष्य को ध्यान में रख कर अनुवादक की चुनौतियाँ गंभीर हैं, परंतु संभावनाएँ उससे भी कहीं अधिक व्यापक हैं। अनुवाद केवल तकनीकी प्रक्रिया नहीं, बल्कि संवेदनशील सांस्कृतिक अभ्यास के रूप में देखा जाना आवश्यक है।

संदर्भ सूची-

1. Bassnett, Susan. Translation Studies. Routledge.
2. सिंह, नामवर. अनुवाद की संस्कृति. राजकमल प्रकाशन
3. बेज, राजीव कुमार. बहुभाषिक समाज में अनुवाद, अपनी माटी, 2024
4. Venuti, Lawrence. The Translator's Invisibility. Routledge.
5. चौधरी, इंद्रनाथ. अनुवाद का भारतीय सिद्धांत और इतिहास
6. भोलानाथ तिवारी, (संस्करण-2002) अनुवाद विज्ञान, शब्दकार प्रकाशन, नई दिल्ली
7. डॉ. जयंती प्रसाद नौटियाल, अनुवाद सिद्धांत और व्यवहार, नई दिल्ली
8. संपादक डॉ. भ. ह. राजूरकर, डॉ. राजमल बोरा (संस्करण-2013) तुलनात्मक अध्ययन स्वरूप और समस्याएं, वाणी प्रकाशन, नई दिल्ली

अध्याय-13

अनुवादक के अपने अनुभव

डॉ. हरिसिंह पाल, नई दिल्ली

अनुवाद एक प्राचीन एवं अत्यंत महत्वपूर्ण भाषाई प्रक्रिया है। पहले व्याख्या के रूप में 'पुनः कथन' की प्रथा थी। वस्तुत वह अनुवाद ही था,जो प्रायः उसी भाषा में होता था। किंतु आज किसी एक भाषा के तात्पर्य को अन्य दूसरी भाषा में रूपांतरित करना या अभिव्यक्त करना अनुवाद कहा जाता है। अनुवाद का शाब्दिक अर्थ तो- अनु + वद + घअ अर्थात किसी के कहने के बाद कहना या किसी कथन के पीछे (अनुवर्ती) का कथन या पुनः कथन है। पुररुक्ति उपसर्ग के रूप में अनु + वद धातु से निर्मित पद 'वाद'। अनु का अर्थ है पीछे, साथ-साथ, आस-पास, किनारे- किनारे या बाद में है। उपनिषदों में अनुवादित शब्द का प्रयोग आवृत्ति के अर्थ में दिया गया है। सिद्धांत कौमुदी में कहा गया है- 'सिद्धोपदेशे च अनुवादे चरणानमिति'।

पाणिनि की अष्टाध्यायी में 'अनुवादे चरणानाम्' (2:4:3) है। न्याय सूत्र में विधि और विहित का अनुवचन ही अनुवाद है-

"विधि विहित स्यामु वचन मनुवाद।"

आज अनुवाद नितांत भिन्न अर्थ में अंग्रेजी शब्द 'ट्रांसलेशन' के अर्थ में विकसित हुआ है। पाश्चात्य विद्वान जॉन ड्रायडेन ने साहित्यिक अनुवाद के तीन प्रकार बताए थे- 1. शब्दानुवाद (word to word) 2. भावानुवाद (paraphrase) और 3. पुनर्रचना (imitation) (जिसे नाइडा ने पर्याय के आधार पर अनुवाद माना है।)

ड्रायडन ने शब्दानुवाद और पुनर्रचना को अनुवाद की अतिवादी स्थितियां माना है उन्होंने साहित्यिक अनुवाद में भावानुवाद को मान्य स्वीकार किया है। प्रख्यात भारतीय भाषा वैज्ञानिक डॉ. कैलाशचंद भाटिया ने अनुवाद के दो स्वरूप बताए हैं- 1. भाषांतरण

और 2. अनुकूलन। वैसे अनुवाद सारानुवाद और टीकानुवाद के रूप में प्रचलित रहा है।

यद्यपि अनुवाद कार्य बड़ा जोखिम भरा कार्य है। सुपरिचित अनुवादविद डॉ. पूरन टंडन के शब्दों में - "अनुवाद एक ऐसी साधना है जिसमें साधक (अनुवादक) 'परकाया प्रवेश' करता है। वास्तव में अनुवाद तो दूसरे के गर्भ को धारण करने जैसा जोखिम भरा कठिन कार्य है। किंतु यह जनहित का कार्य है क्योंकि इससे मानव समस्त मानवीय सृष्टि का कल्याण जुड़ा है।"

अनुवाद के संबंध में जहां तक मेरा अपना व्यक्तिगत मत है। वह यह है कि- प्रत्येक व्यक्ति एक सफल अथवा असफल अनुवादक होता है। जब हम किसी से संवाद कर रहे होते हैं तो हम अपने भावों को उसे रूप में प्रस्तुत कर रहे होते हैं, जिसे सामने वाला कमोवेश इस रूप में संवाद को ग्रहण कर सके। प्रत्येक विद्यार्थी परीक्षा में एक ही प्रश्न के उत्तर को अपने-अपने ढंग से प्रस्तुत करता है। किसी का यह भावनुवाद उत्कृष्ट होता है और किसी का सामान्य। भारत में सैकड़ो की संख्या में बोलियां और उपभाषाएं बोली जाती है फिर भी उत्तर भारत का एक तीर्थ यात्री दक्षिण के रामेश्वरम की यात्रा सफलतापूर्वक लेता है - यानी अनुवाद के बलबूते पर ही तो। मेरी अपनी बोली या मातृभाषा 'ब्रजभाषा' है, किंतु जब मैं अपनी बात हिंदी में रखता हूं तो एक अनुवादक का दायित्व निभा रहा होता हूं। यह बात अलग है कि मेरे इस भावानुवाद को कोई अच्छा कहेगा तो कोई सामान्य दर्जे का काम चलाऊ।

मैं परंपरागत अथवा व्यवसायगत अनुवादक नहीं हूं, किंतु एक गंभीर पाठक के रूप में मुझे प्रसिद्ध रचनाकारों की रचनाएं पढ़ने की बचपन से ही रुचि रही है। प्रारंभ में मैं विज्ञान का विद्यार्थी रहा। इसलिए सीधे-सीधे साहित्य से मेरा सरोकार निकट का नहीं रहा है ।फिर भी अपने गांव (सुढियाल, अलीगढ़) में, विद्यार्थी जीवन में एक पुस्तकालय संचालित किया तो अनेक भाषाओं के अनुवाद पढ़ने का सौभाग्य मिला, विशेष रूप से तत्कालीन सोवियत संघ के दूतावास ने रूसी कृतियों की कई कृतियां हमारे पुस्तकालय को भेंट में दी थी। कक्षा दसवीं और बारहवीं की अंग्रेजी भाषा के अध्ययन के दौरान पाश्चात्य साहित्यिकारों को पढ़ा। उन में विलियम शेक्सपियर, जॉन मिल्टन, चार्ल्स डिकन्स, मार्क टवेन, गोर्की, बर्नाड शॉ, लियो टॉलेस्टाय, ए. अर्नाल्ड, आलीवर गोल्ड स्मिथ, बोरिस पास्टरनाक, टी एस इलियट, जॉन कीट्स, रोमा रोला, एच जी वेल्स, सर वाल्टर स्काट, अर्नेस्ट हेमिंग्वे, ई एम फारेस्टर, विलियम वर्ड्सवर्थ आदि सहित भारतीय अंग्रेजी, बांग्ला मराठी, गुजराती, तमिल, तेलुगू, मलयालम, पंजाबी, कश्मीरी, ओड़िआ, मणिपुरी तथा अनेक भाषाओं के साहित्य की हिंदी अनूदित रचनाएं विद्यार्थी जीवन और बाद में भारत

सरकार की सेवा आने पर पढ़ने का सुअवसर मिलता रहा।

विधिवत रूप से प्रकाशन हेतु अनुवाद करने का कार्य मुझे बाल पत्रिका 'नंदन' के यशस्वी संपादक स्व. श्री जयप्रकाश भारती जी के उकसाने पर करना पड़ा। एक बार वर्ष 1987 में, जब मुझे भारत सरकार के शिक्षा विभाग के कार्यक्रम में मणिपुर जाने का अवसर मिला था। मणिपुर प्रवास में मुझे वहां की एक जनजाति 'मराम' के युवा अधिकारी मित्र हाइकुंग मार्क ने "मराम फोक टेल्स" नमक अंग्रेजी की पुस्तक भेंट की। दिल्ली जाकर फुर्सत में इसे पढ़ा तो मैं उस जनजाति के लोक जीवन की समृद्धि को जानकर दंग रह गया। कुछ वर्ष बाद भारती जी ने नंदन के लोक कथा विशेषांक के लिए एक लोक कथा की मांग मुझसे की तो मैंने उन्हें 'मराम लोक कथा' देने की हामी भर ली। तब मैंने मराम लोक कथा का भावानुवाद किया था। वह नंदन में मई 1997 सचित्र प्रकाशित हुई। भारती जी ने बहुत ही प्रशंसा की, फिर तो मैं नंदन का बाल साहित्यिकार ही बन गया।

इसी बीच इंदिरा गांधी राष्ट्रीय मुक्त विश्वविद्यालय की स्नातकोत्तर हिंदी का भारतीय साहित्य के परिपेक्ष्य में लोक साहित्य की पाठ इकाई लिखने का निमंत्रण मिला तो अनेक भारतीय भाषाओं और बोलियों के लोक साहित्य को खंगालने का उपक्रम करना पड़ा। यह अधिकांश तो अंग्रेजी में था अथवा हिंदी में अनुवादित था। इसी विश्वविद्यालय ने एक बार लगभग एक दर्जन वीडियो फिल्मों की अनूदित हिंदी पटकथा के मूल्यांकन का कार्य दिया। विश्व जल संकट पर केंद्रित इन फिल्मों की पटकथा जर्मन भाषा में थी। इसका अंग्रेजी से हिंदी में किया गया था जो भ्रष्ट अनुवाद ही था। इसका कारण यह था कि विज्ञान विषय की पटकथाओं का किसी हिंदी साहित्यिकार ने अनुवाद किया था। विज्ञान और साहित्य की प्रकृति तो है ही अलग। उदाहरण के लिए वनस्पति विज्ञान में Photosynthesis का अनुवाद है- प्रकाश संश्लेषण (जिसका अर्थ होता है - सूर्य से लिए गए प्रकाश का संश्लेषण।) उस साहित्यिक अनुवादक ने उसे कर दिया था - चित्र संश्लेषण। प्रायः हिंदी वाले फोटो का अर्थ चित्र ही समझते हैं। जबकि विज्ञान में फोटो लैटिन शब्द Photon से आया है, जिसका अर्थ है - सूर्य का प्रकाश।इस प्रकार मुझे इस स्क्रिप्ट को सुधारने में काफी परिश्रम करना पड़ा।

इसी प्रकार भारत सरकार के वैज्ञानिक एवं तकनीकी शब्दावली आयोग ने मुझे "अभियांत्रिकी" और "सूचना प्रौद्योगिकी" विषयो की शब्दावली को जांचने का दायित्व दिया। अनुवाद के नाम पर भाई लोगों ने आयोग द्वारा निर्मित संस्कृतनिष्ठ शब्दों का प्रयोग किया था। उनको पढ़कर ऐसा लगता था इस हिंदी अनुवाद को पढ़ने की जगह अंग्रेजी को नागरी लिपि में ही लिख दिया जाता तो ज्यादा अच्छी तरह समझा जा सकता था। जब हम

अंग्रेजी के इतने शब्द पचा चुके हैं या अपना चुके हैं तो कुछ और शब्दों से ही कौन सा पहाड़ टूटने वाला है। हम अनुवाद करते समय प्राय: इसके व्यावहारिक पक्ष को छोड़कर सैद्धांतिक पक्ष को ज्यादा तजरीह देते हैं। फलत: हमारा अनुवाद अपेक्षाओं पर खरा नहीं उतर पाता है। कोई भी व्यक्ति पूर्णता सफल अनुवादक नहीं हो सकता। हां सफलता के निकट तो रहा ही जा सकता है।

अध्याय-14

बातचीत के क्षेत्र में अनुवाद का महत्व

डॉ. सुजाता दास 'मीठी'

बचपन में एक चुटकुला सुनी थी, आज इस आलेख में उसका ज़िक्र शायद प्रासंगिक है :- दो दोस्त थे। एक हिन्दी और उर्दू का जानकार शायर और एक शुद्ध बंगाली जो टूटी-फूटी हिन्दी के प्रयोग से बस अपना काम चला लेता था। एक दिन बंगाली बंधु ने शायर दोस्त से कहा-

बोन्धु, काल में हामेशा के लिये आपना गाँव चाला जाऊँगा, तुम मुझे एक शायरी सिखाओ कि मैं तुम्हें हामेशा उस शायरी से याद करूँगा और लोगों को भी सुनाऊँ कि मुझे भी शायरी आता है। तब शायर दोस्त ने कहा

न गिला करेंगे, न शिकवा करेंगे, तुम सलामत

रहो, खुदा से ये दुआ करेंगे। तब बंगाली बंधु बड़ा ही प्रसन्न हुआ और वहाँ से जाने लगा। तब शायर दोस्त ने कहा, अच्छा मैंने तुम्हें क्या सिखाया ज़रा बोल के तो बताओ। तब बंगाली बंधु बोला हम सोब सीख गया। ना गीला कोरेगा, ना सुखा कोरेगा, तुम साला मोत रोहो, खुदा से दुआ कोरेगा। और तब शायर ने अपना सर पकड़ लिया। निश्चित रूप से ये एक जोक है पर यह बताता है कि स्रोत भाषा से लक्ष्य भाषा में अनुवाद करने के लिये दोनों ही भाषा, भाव, संस्कृति और पृष्ठभूमि का ज्ञान परम आवश्यक है, थोड़ी सी भी गलतफहमी अर्थ का अनर्थ कर सकती है।

भारत एक बहुभाषिक राष्ट्र है, जिसमें संविधान में दर्ज विविध भाषाओं के अतिरिक्त प्रत्येक प्रांत में अनेकानेक बोलियाँ भी प्रचलित होती हैं। भाषा से भाषा में अनुवाद निर्धारित मानकों का पालन करते हुए करने पर अनुवाद सटीक होते हैं, किन्तु बोली, जो क्षेत्र विशेष में रहने वाले लोगों के बातचीत का माध्यम होता है उसमें कभी-कभी कुछ ऐसे शब्द हो

सकते हैं, जिसका दूसरी भाषा में पूर्णतः अनुवाद संभव नहीं होता है। जैसे :- छत्तीसगढ़ी बोली (अब भाषा) जो बहुत ही मीठी है, इसमें से दो उदाहरण प्रस्तुत हैं:-

1. टुरा रेंगत-रेंगत धप्प ले गिर गे।

2. धड़ाम ले एक ठन आम गिरिस सब्बो झन चउंक गीन।

इन दोनों ही वाक्यों में एक ध्वनि है, अर्थात ये ध्वन्यात्मक वाक्य हैं और पढ़ने या सुनने वाले को सीधे सुनाई देकर, आवाज़ को कानों को सुनाकर, घटना का सजीव चित्र बनाने में सार्थक हैं, ऐसे ध्वन्यात्मक शब्द भाषा को और भी जीवंत और एक्सप्रेसिव बना देते हैं किन्तु यदि इस एक वाक्य टुरा रेंगत-रेंगत धप्प ले गिर गे, का अंग्रेजी अनुवाद करें तो होगा THE BOY FELL DOWN WHILE WALKING. तो क्या इस वाक्य में वो ध्वनि लुप्त नहीं है ? ये बिल्कुल वैसे ही जैसे गुड़ की असल मिठास और शुद्धिकरण से प्राप्त चीनी का मीठापन !

कल्पना कीजिये, कि 8वीं सदी में जन्मे आदि शंकराचार्य जिनका जन्म स्थान केरल और मातृभाषा मलयालम थी, उस सदी में जब आज हम सबके विश्व गुरू "गूगल बाबा" की उत्पत्ति की सोच की भी उत्पत्ति नहीं हुई थी, तब पूरब में जगन्नाथ पुरी मठ, पश्चिम में द्वारका मठ, उत्तर में बद्रीनाथ मठ और दक्षिण में श्रृंगेरी के मठ, इन चारों मठों की स्थापना कैसे की होगी ? क्या उन्हें भाषाई परेशानियों का सामना नहीं करना पड़ा होगा? आदि गुरु शंकराचार्य संस्कृत के प्रकाण्ड पंडित थे, और तब भारत वर्ष में धार्मिक और दार्शनिक चर्चाओं की प्रमुख भाषा संस्कृत हुआ करती थी, जैसे आज हिन्दी और अंग्रेजी है। अतः संस्कृत भाषा को सेतु बना उन्होंने यह अकल्पनीय कार्य संभव किया था।

बातचीत में अनुवाद रूपी इस सेतु पर चढ़ने के पूर्व सेतु के दोनों पृष्ठों पर पकड़ अर्थात स्त्रोत भाषा और लक्ष्य भाषा की संस्कृति का उत्तम ज्ञान, भाव की गहरी समझ, शब्दों से परिपूर्ण शब्दकोष होने पर ही बातचीत में किया गया अनुवाद अपनी खुशबू बिखेरता है, क्योंकि अनुवाद स्वयं में एक सकारात्मक शब्द है, जो संभव को प्रकट करता है। अनुवाद नामक सेतु से ही शिक्षा, साहित्य, संस्कृति, व्यापार-विनिमय, वाणिज्य, कला, शासन-प्रशासन में आदान-प्रदान संभव होता है। अर्थात अनुवाद जो जोड़ता है स्त्रोत को लक्ष्य से हू-ब-हू। किन्तु फिर भी किसी शायर ने कहा है, भाषाओं का अनुवाद हो सकता है, भावना का नहीं, इन्हें तो बस समझना पड़ता है।

अध्याय-15

शिक्षा के प्रचार प्रसार में अनुवाद की भूमिका

डॉ. रजनी सिंह

शिक्षा एक बहुत ही विस्तृत विषय है। शिक्षा किसी भी भाषा में हो सकती है। हमारे देश में ही अनेक भाषाएं हैं जिनको समझना प्रत्येक व्यक्ति के लिए असंभव है। हमारे देश में तो वैसे भी माना जाता है कि चार कोस पर पानी और भाषा बदल जाती है। ऐसी स्थिति में व्यक्ति एक दूसरे की बात समझने में विवश हो जाता है। साथ ही जब बात शिक्षा की आती है तो वर्तमान युग शिक्षा में अपार संभावनाओं से सुसज्जित है। विश्व आज मनुष्य की मुठ्ठी में आ गया है। डिजिटल मीडिया नेटवर्क की सुविधा उपलब्ध कर समस्त भाषाओं को एक मंच पर ला दिया है। ऐसे में आवश्यकता है कि हमें विभिन्न भाषाओं की जानकारी होनी चाहिए और इसके लिए सबसे सशक्त माध्यम अनुवाद ही है।

शिक्षा के निर्माणकारकों में भाषा अत्यंत महत्वपूर्ण है। भाषा अभिव्यक्ति का प्रमुख माध्यम है इसलिए शिक्षा किसी भी भाषा में ली जाए वह अभिव्यक्ति में सरल और सहज होनी चाहिए। भाषा सरल होगी तो उसका अनुवाद करना भी सरल हो जाता है। विश्व की लगभग 6000 भाषाओं में एक चौथाई भाषा भारतवर्ष में हैं और विश्व की सभी प्रमुख भाषाएं अनुवाद में लिप्त हैं। अंतरराष्ट्रीय प्रकाशन सर्वेक्षण के अनुसार वर्तमान युग अनुवाद का युग है। अनुवाद में प्रौद्योगिकी का योगदान प्रमुख हैं। अंतरराष्ट्रीय ज्ञान विज्ञान को जन-जन तक पहुंचाने का सशक्त माध्यम अनुवाद ही है। अनुवाद द्वारा ही उसे लक्ष्य भाषा से प्रेषित किया जाता है।

शिक्षार्थियों को विभिन्न क्षेत्रों में अपनी आवश्यकताओं के अनुरूप पुस्तकें प्राप्त करने के लिए अपनी भाषा के लिए अनुवादित साहित्य उपलब्ध करने में अनुवाद प्रणाली ने बहुत ही बहुमूल्य कार्य किया है। स्वास्थ्य चिकित्सा, कानून, शल्य चिकित्सा, भाषा विज्ञान, प्रौद्योगिकी, सांख्यिकी, और मनोविज्ञान आदि विषयों में अनुवादित पुस्तकों की

सुविधा उपलब्ध होने से शिक्षार्थियों को अत्यंत सुविधा हो गई है वरना अनुवाद प्रणाली के अभाव में यह अनेक देशों के छात्र छात्राओं के लिए संभव नहीं हो पाता था। विश्वविद्यालय स्तर पर अनुवादित पुस्तकों की वर्तमान में उपलब्धी अनेक भाषाओं में है। अंग्रेजी, जर्मनी, फ्रैंच, भाषाओं की पुस्तकों के अनुवाद हिंदी में और हिंदी साहित्य विदेशी भाषाओं में अनुवाद होकर उपलब्ध है।

वास्तव में देखा जाए तो "अनुवाद" एक उपयोगी और व्यवहारिक कला कौशल है। शिक्षा का सशक्त माध्यम है। भाषा की अभिव्यक्ति के लिए अनुवाद सरल मार्ग दिखाता है। वर्तमान मीडिया अपना वर्चस्व मजबूत करने में अहम भूमिका निभा रहा है। अनुवाद की भाषा ने पीढ़ियों के मानसिक गठन को तोड़कर नवीन युग में पहुंचा दिया है। शिक्षा आज ग्राम, राज्य या देश तक सीमित ना रहकर विश्वस्थल पर समान प्राप्त हो रही है। प्राचीन, मध्यकालीन और वर्तमान में मानव अंतरिक्ष की खोज, चांद पर जीवन और मंगल पर जाने का प्रयास शिक्षा में अनुवाद प्रणाली से प्राप्त सुविधा से ही संभव कर पाया है। विदेशों में हमारे छात्र छात्राएं जिस सरलता से अपनी प्रतिभा का परचम लहरा रहे हैं, उसमें अनुवाद प्रणाली का महत्वपूर्ण योगदान है। वह अपने देश के साहित्य को वहां की भाषा में अनुवादित करके विदेशियों को लाभान्वित करते हैं और उनके द्वारा अनुवादित साहित्य से स्वयं लाभ उठाते हैं। साधारण व्यक्ति भी अनुवाद प्रणाली से कठिन साहित्य का लाभ उठा सकता है। हमारी सरकारें भी सरकारी आफिस में अनुवाद प्रणाली से ही विभिन्न राज्यों के कर्मचारियों को काम करने में सुविधा प्रदान कर रहीं हैं। कवि तुलसीदास ने यदि वाल्मीकि रामायण को हिंदी में अनुवाद नहीं किया होता तो हिन्दू समाज उसके बहुमूल्य जानकारियों से अनभिज्ञ रह जाता।

अंत में मैं सभी को विश्वास दिलाना चाहूंगी कि वर्तमान युग में शिक्षा में अनुवाद बहुत ही बहुमूल्य और सशक्त माध्यम है। शिक्षा का प्रचार प्रसार केवल अनुवाद से ही संभव है।

अध्याय-16

धर्म के क्षेत्र में अनुवाद की भूमिका

डॉ. श्रीमति मंजु लंगोटे

विभिन्न धार्मिक ग्रंथों, परंपराओं और प्रथाओं तथा उस धर्म विशेष को जानने और समझने के लिये अनुवाद नितांत आवश्यक है, क्योंकि उस धार्मिक ग्रंथ की शिक्षा आपको अपनी भाषा में मिल जाती है, तो उसे जानना और समझना आसान हो जाता है।

हम हमारे पारंपरिक ग्रंथों के अलावा कुछ और पढ़ना या जानना नहीं चाहते क्योंकि सदियों से हम उसी में अपने आप को सुविधाजनक रूप में पाते है।

अनुवाद से धार्मिक सहिष्णुता, उस धर्म के प्रति समझ और सांस्कृतिक आवागमन बढ़ता है। अनुवाद से सभी धर्मों की शिक्षा सर्वग्राह्य बनी है, और धार्मिक संवाद को बढ़ावा मिलता है, ज्ञान का संचार भी पीढ़ी दर पीढ़ी बढ़ता रहता है। अनुवाद के माध्यम से एक धर्म ग्रंथ की शिक्षा दूसरे धर्मो तक पहुंचती है। जिससे अन्य वर्ग तक उनकी आध्यात्मिक प्रगति और विचार पहुंचते है।

अनुवाद पवित्र ग्रंथों को लुप्त होने से बचाता है और उनका संरक्षण करता है, जिससे अन्य पीढ़ी तक उसे पहुंचाना सरल हो गया है।

लोगों का विभिन्न धार्मिक विश्वास के प्रति सम्मानपूर्ण नजरिया और सहिष्णु भी अनुवाद ही बनाता है, अनुवाद कई मायनों मैं हमारी मदद करता है, जैसे ज्ञान का प्रसार, सांस्कृति समझ का बढ़ावा, धार्मिक समुदायों को जोड़ना, ज्ञान का संरक्षण, आस्था में दृढ़ता और विकास आदि।

अनुवाद विभिन्न धर्म के लोगों को अन्य धर्म के पवित्र ग्रंथों को विभिन्न समुदाय तक पहुंचाता है, उनके ज्ञान को विस्तार देता है, जो उनकी अपनी भाषाओं से भिन्न होता है।

अनुवाद अलग धर्म और संस्कृति के बीच पुल का काम करता है। जिससे एक दूसरे की धार्मिक विश्वास, मान्यताओं एवं प्रक्रिया को समझने में मदद मिलती है।

धार्मिक ग्रंथों का अनुवाद दूसरी संस्कृतियों को सूचना प्रेषण में भी मदद करता है, जिससे उनकी विविधताओं और समृद्ध परंपराओं को सुरक्षित किया जा सके और उस ग्रंथ को पर्याप्त सम्मान मिल सके।

अनुवाद से लोग विभिन्न धार्मिक विश्वासों को अच्छे से समझ पाते है, जिससे धार्मिक सहिष्णुता और सौहार्य बढ़ता है। भारत अनेकता में एकता वाला देश है, जहां भाषा रीति-रिवाज कम दूरी में भी बदलते देखे जा सकते है इसीलिये अनुवाद को राष्ट्रीय एकता के स्त्रोत में देखा जा सकता है।

धार्मिक ग्रंथों और परंपराओं को नई भाषाओं सदर्भ में फिर से स्थापित करने में अनुवाद महत्वपूर्ण भूमिका निभाता है। भक्तिगीत, भक्तिपाठ और अनुष्ठानों का अनुवाद धार्मिक समुदायों को बनाये रखने और व्यापक धार्मिक परंपराओं को अक्षुण्य रखने में भी अनुवाद ही मदद करता है, 'गीतांजलि' जो रविन्द्रनाथ टैगोर जी ने लिखी थी, का अंग्रेजी अनुवाद ही उन्हें नोबेल पुरस्कार मिलने का प्रमुख कारण बना। और उनकी काव्य प्रतिभा पूरी दुनिया में पहुंची।

रामायण, कुरान, बाइबिल और अन्य धार्मिक ग्रंथों का अनुवाद अन्य भाषाओं में होने के कारण इनकें पाठकों की संख्या बढ़ी है, जिससे उनका अध्ययन और विश्लेषण, टिप्पणी सभी पाठकों के लिये सुलभ हुई है।

अनुवाद के बाद जब अन्य भाषा या धर्म के लोग तक कोई धार्मिक ग्रंथ पहुंचता है तो लोगों की उस धर्म के प्रति धारणा बदलती है और वे ईशनिंदा के पाप से बच जाते है। धार्मिक मूल्यों के सम्मान में भी अनुवाद से बहुत मदद मिली है, जिससे धार्मिक समुदायों के बीच शांति और सहिष्णुता बढ़ी है।

अनुवाद से न केवल सूचना का प्रसार हुआ है बल्कि शांति, सौहार्द, सांस्कृतिकीकरण को भी बल मिला है। पारंपरिक संपर्क की सामाजिक अनिवार्यता ने अनुवाद को जन्म दिया यह बेबल की मीनार की कथा के रूप में यह तथ्य सामने आया।

पर लिखित प्रमाण के रूप में अनुवाद का अस्तित्व ईसापूर्व माना जाता है, जब प्राचीन मिश्र के राज्यों में हिमानी शिलालेखों की मौजूदगी मिली, उसके बाद रोमन से ग्रीक और ग्रीक से लेटिल अनुवाद देखे गये। बारहवी शताब्दी में स्पेन के इस्लाम में संपर्क आने के बाद, अरबी का स्पेन भाषा में अनुवाद हुआ। धार्मिक अनुष्ठान और परंपराओं का पालन भी अनुवाद से आसान हो गया है क्योंकि अनुवाद से संस्कृत के मूल मंत्रों की समझ और उनका अनुकरण आसान हो गया है।

धार्मिक अध्ययन और समझ भी विद्वानों के लिये अनुवाद के माध्यम से आसान

हुआ है। अनेकता में एकता के लिये भाषाई अनुवाद एक मजबूत कड़ी का काम करता है। विभिन्न भाषाओं के साहित्य का रसास्वादिन उनके अनुवाद से सभी भाषा के लोग ले सकते है। उनसे कुछ सीख सकते है, अगर उस विषय में कोई अनुसंधान करना हो तो अनुवाद से यह आसान हो गया है।

मुख्यत: साहित्य, दर्शन और धर्म के क्षेत्र में हो अनुवाद की नितांत आवश्यकता समझी गई। साहित्य में- ग्रीक के इलियड, दर्शन में- प्लेटों के संवाद और धर्म में रामायण और महाभारत के अन्य भाषाओं में अनुवाद बहुतायत में प्रसिद्ध है तथापि बाइबिल का अनुवाद सबसे ज्यादा हुआ है।

वर्तमान समय में उपरोक्त तीन के अलावा भी अन्य क्षेत्र जैसे जिकित्सा, तकनीक विभिन्न खोज, सौंदर्य, व्यवसायिक जानकारी आदि में मूल भाषा के अलावा अन्य भाषाओं में उपलब्ध है, जिससे विभिन्न क्षेत्रों का कार्य आसान हुआ है और उसे विस्तार प्रदान करने में कोई कठिनाई नहीं होती।

अनुवाद का उद्देश्य मूल भाषा के साहित्य की आत्मा उसका केन्द्र बिंदु को नुकसान पहुंचाये बिना अन्य भाषा में ग्रहण करना है। भारत में भाषायी विविधता बहुत है तथापि आदान प्रदान की प्रक्रिया और अनुवाद का अभाव साहित्यिक और धार्मिक संपदाओं को सुरक्षित संरक्षित और पीढ़ीयों तक हस्तांतरित करने के लिये पर्याप्त नहीं है।

अनुवाद की भूमिका बहुयामी होती है। जो धर्म ग्रंथों और अन्य ग्रंथों को पढ़ने और समझों के लिये और अन्य समुदायों में विस्तृत करने के लिये आवश्यक होता है। आस्तिक वर्ग में धर्म के पुर्ननिर्माण और परिवर्तन की दिशा में अनुवाद की महत्वपूर्ण भूमिका होती है।

अनुवाद सबसे प्राचीन व्यवसायों में से एक है। किसी भी कौम में संवाद तब ही सार्थक होता है। जब उससे उसकी भाषा में बात की, या कही जाये, इसलिए भाषाई सौहार्दता के लिये भी अनुवाद आवश्यक है, किसी भी भाषा में कही लिखी भाषा का अन्य भाषा में सार्थक संप्रेषण ही अनुवाद है, Translation (अनुवाद) और Transcription (लिप्यंतरण) का प्रचलन भी है।

जैसे- वह खाना खा रहा हैं।

Translation – He is eating food.

Transcription – Vah khana kha raha hai.

अनुवाद में हिन्दी को अंग्रेजी में लिख गया है जबकि लिप्यंतरण में लिखी गई बातों को रोमन लिपि में लिखा गया है।

अनुवाद भाषा का शक्ति संवर्धक है। भाषा तथा विचारों के बीच संबंधों की स्पष्टता

और ज्ञान का प्रसार भी अनुवाद प्रमुखता से करता है। अनुवाद में किसी शब्द की उपेक्षा नहीं की जाती बल्कि शब्द संरचना में लक्ष्य भाषा के केन्द्र को रखा जाता है। भारत में अनुवाद से संचार में सक्षमता आई है और विभिन्न संस्कृतियों के बीच में समझ और सहयोग बढ़ा है, जिससे राष्ट्रीय और सामाजिक सामंजस्य बढ़ता है।

जब भाषा के विकास के लिये अनुवाद को प्राथमिकता दी जाती है, तब उसे एक ऐसे क्षेत्र में प्रवेश का अवसर मिलता है, जहां कभी भी उसका प्रयोग नहीं हुआ था, तब उसकी विषय वस्तु और अभिव्यक्ति दोनों का ही विकास होता है, कई बार नये शब्द भी जन्म लेते है, और प्रचलित शब्दों के नये अर्थ भी मिल जाते है संकर शब्दावलियों का प्रयोग बढ़ जाता है।

किसी ग्रंथ विशेष या साहित्य विशेष के बारे में गलतफहमिया और अंधविश्वास है, वे भी अनुवाद के जरिये से दूर हो जाते है, क्योंकि भाषायी कृल्ष्टता को अनुवाद दूर करता है और लोगों को सही अर्थ समझ में आता है। अनुवाद और अनुवादक विभिन्न समुदायों के बीच सेतु को कार्य करते है। संक्षेप में कह सकते है कि अनुवाद से भाषाई सीमा खत्म हो गई है, सभी धर्म और उनकी शिक्षायें पहचानी और अंगीकृत की जा रही है, सामाजिक सौहार्द बढ़ा है, चेतनायें जागी है और धर्म विशेष के लिये गलतफहमियां दूर हुई है।

अध्याय-17

विलुप्त होते भारतीय ज्ञान विज्ञान को जीवंत रखने का माध्यम अनुवाद

डॉ. कृष्णी वाल्के

प्रपत्र लेखन - कृष्णी वाळके, गोवा। अध्यक्ष गोमंतक राष्ट्रभाषा विद्यापीठ, गोवा। भारत प्राचीन काल से ज्ञान, विज्ञान, अध्यात्म, दर्शन की भूमि रही है। वेद, उपनिषद, गणित, खगोलशास्त्र, आयुर्वेद, योग, दर्शन, व्याकरण, राजनीति, युद्धनीति, वास्तु, साहित्य, अर्थ जैसे अनेक विषयों पर संस्कृत में ग्रंथ रचे गए। जो मानव सभ्यता के विकास में आधारभूत थे।

भारत के इतिहास में वैदिक, बौद्ध, जैन, मौर्य, गुप्त, मोगल, ब्रिटिश ऐसे अनेक कालखंड आए। हर युग में शासन, भाषा और सामाजिक परिवेश बदलते गए। वैदिक कालमें संस्कृत, बौद्ध कालमें पाली, प्राकृत, मुगल काल में फारसी, अरबी ब्रिटिश काल में अंग्रेजी भाषा का प्रभाव भारतीय ज्ञान विज्ञान पर था। इनके काल खंड में भारतीय ज्ञान विज्ञान विलुप्त होने का खतरा था। फिर भी अनुवाद परंपरा ने भारतीय ज्ञान विज्ञान जीवंत रखा। जिससे भारतीय ज्ञान विज्ञान सीमाओं से परे पहुँच कर विश्व मानवता की धरोहर बन गया। इ.पू.३ शताब्दी से सम्राट अशोक के शासन काल से बौद्ध धर्म प्रसार के कारण अनुवाद परंपरा की शुरूआत हुई। गौतम बुद्ध ने त्रिपिटक, धम्म पद, ललित विस्तार और अनेक बौद्ध धर्म ग्रंथ जनभाषा प्राकृत और पाली में लिखे। परंतु जब बौद्ध भिक्षु धर्म प्रसार केलिए भारत के बाहर चीन, तिब्बत, श्रीलंका, भूटान, कंबोडिया, कोरिया, थाईलैंड, बर्मा, ग्रीक, जापान आदि देशों मे गए तब बौद्ध ग्रंथों को विदेशी भाषाओं में अनुवादित करना आवश्यक हुआ। अनुवाद के कारण जिस वैदिक संस्कृति से बौद्ध धर्म का जन्म हुआ उस वैदिक ज्ञान विज्ञान का भी प्रसार एशियाई देशों में हुआ। अशोक ने प्राकृत, ग्रीक, अरामाइक, भाषाओं में शिलालेख भी बनवाए जो उनके अनुवाद प्रक्रिया का प्रमाण है। इसलिए बौद्ध धर्म आज भी विश्व में सांस्कृतिक, दार्शनिक, स्थापत्य, कलात्मक,

आध्यात्मिक धरोहर के रूप में जीवित है।

जैन आचार्यों ने उनके जैन धर्म ग्रंथ जैसे आगम ग्रंथों, आचारांगसूत्रों, तत्वार्थ सूत्रों और अनेक जैन धर्म ग्रंथों को अर्धमागधी, शौरसेनी, प्राकृत भाषाओं में लिखे। बाद में गुजराती, राजस्थानी, तमिल, कन्नड, मराठी में अनुवादित करके जैन सिद्धान्तों को देश के सामान्य जनों तक पहुँचाये।

इ.वी. ८ से १२वीं सदी में गणित, ज्योतिष, दर्शन, योग, आयुर्वेद के ग्रंथों का संस्कृत से अरबी और फारसी भाषाओ में अनुवाद किया गया। इसलिए भारतीय ज्ञान विज्ञान पश्चिम एशिया और यूरोप तक पहुँचा।

मुगल काल में मौलिक संस्कृत ग्रंथों का फारसी भाषा में अनुवाद हुआ।

ब्रिटिश काल में युरोपीयन विद्वानों ने वेद, उपनिषद रामायण, महाभारत, गीता, गणित, आयुर्वेद, योग, खगोलशास्त्र, व्याकरण, पंचतंत्र, कालिदास साहित्य और अनेक संस्कृत ग्रंथों का अंग्रेजी, जर्मन, फ्रेंच, भाषाओं में अनुवाद किया। आधुनिक काल मे भारतीय ग्रंथोंके डिजिटल अनुवाद हो रहे हैं। राष्ट्रीय अनुवाद मिशन, युनेस्को, और विश्वविद्यालयों के माध्यम से संस्कृत ग्रंथों का अनुवाद और पुनर्प्रकाशन हो रहा है। अनेक संस्कृत ग्रंथ हिन्दी, तथा सभी भारतीय भाषाओं और अंग्रेजी, फ्रेंच, जर्मन, जापानी आदि में उपलब्ध है। इसलिए आज अनुवाद वैश्विक ज्ञान प्रसारका सेतु बन गया है। भारत पर सदियों से विदेशी आक्रमण होते रहे। हूण, तुर्की आक्रमकों ने नालंदा, तक्षशिला, विक्रमशिला जैसे जग प्रसिद्ध विश्व विद्यालयों को ध्वस्त कर डाला। हजारो संस्कृत, प्राकृत, पाली और अन्य भाषाओं के ग्रंथ जलाए गए। इसमें मौलिक और अनुवादित भारतीय ज्ञान के स्त्रोत नष्ट हुए। तद्वंतर कुछ ग्रंथों का पुनर्प्रकाशन हुआ और पुनः अनुवाद करके भारतीय ज्ञान भंडार को पुनर्जीवित किया गया।

आज जब भारतीय प्राचीन ज्ञान विज्ञान का आधुनिक विज्ञान और तकनीक के साथ तालमेल रखने के लिए प्रयास हो रहे हैं तब अनुवाद और भी आवश्यक हो गया है। शोध ग्रंथों का अंग्रेजी, हिन्दी, और अन्य भारतीय भाषाओं में अनुवाद विद्यार्थियों और शोधकर्ताओं को प्राचीन ज्ञान से जोड़ता है। डिजिटल अनुवाद, मशिन अनुवाद, और आर्टिफिशल इंटेलिजेंस आधारित उपकरण इस प्रक्रिया को तेज कर रहे हैं। सरकारी स्तर पर भारतीय भाषाओं का "अनुवाद मिशन और राष्ट्रीय अनुवाद योजना" जैसे प्रयास इस दिशा में महत्वपूर्ण है।

आज भी भारतीय प्राचीन ज्ञान विज्ञान के कई स्त्रोत है जो विदेशी भाषाओं में अनुवाद होने के कारण विश्व को आधारभूत हो रहे हैं।

1) गणित और शून्य का सिद्धान्त- आर्यभट्ट, ब्रह्मगुप्त इन विद्वानों ने शून्य, दशमलव, और बीज गणितीय पद्धति विकसित की। जो पूरी दुनिया के गणित शास्त्र का आधार है।

2) खगोलशास्त्र- वैदिक ज्योतिष, सूर्य सिद्धांत और आर्यभट्ट और भास्कराचार्य की गणनाएँ वैश्विक स्तर पर खगोलशास्त्र के लिए आधारभूत है।

3) चिकित्सा विज्ञान-- चरक संहिता, सुश्रुत संहिता के आयुर्वेद और शल्यचिकित्सा सिद्धांत वैश्विक स्वास्थ शोध का हिस्सा बन चुके है।

4) योग और ध्यान विज्ञान- मानसिक और शारीरिक स्वास्थ्य के लिए पतंजली का योग अब पूरी दुनिया की धरोहर बन चुका है

5) भाषा और व्याकरण- (पाणिनी का अष्टाध्यायी) आधुनिक भाषा विज्ञान और कम्प्यूटर भाषा विज्ञान की कई धाराएँ पाणिनी के व्याकरण सूत्रों का आधार लेते हैं।

6) पर्यावरण और कृषिशास्त्र- प्राकृतिक खेती और पर्यावरणीय संतुलन रखने में प्रासंगिक है कृषिपराशर, वृक्षायुरवेद और चाणक्य का अर्थशास्त्र, इन ग्रंथों से कृषिशास्त्र और पर्यावरण के बारे में विस्तृत ज्ञान प्राप्त होता है।

7) दर्शन और मनोविज्ञान- वेदांत, सांख्य, योग, बौद्ध और जैन दर्शन आज वैश्विक स्तर पर मानवीय मूल्यों की शोध प्रणाली में उपयुक्त होते है।

हमारे ये ज्ञान विज्ञान के ग्रंथ संस्कृत, प्राकृत, पाली और तमिळ जैसी भाषाओं में रचे गए। यदि इन ग्रंथों का देश और विदेशी भाषाओं में अनुवाद न होते तो वे केवल विशिष्ट क्षेत्रों तथा समुदायों तक ही सीमित रह जाते थे। अनुवाद के कारण वे जागतिक ज्ञान विज्ञान और शोध का माध्यम बने। अनुवाद ने ही भारतीय ज्ञान विज्ञान के स्रोत सीमाओं से मुक्त करके मानवता की साझा धरोहर बनाए है। जिस के कारण भारतीय ज्ञान-विज्ञान की निरंतरता बनी रही है। इसलिए भारतीय ज्ञान विज्ञान संरक्षण, प्रसार, पुनर्जीवित ऐसे तीनों स्तरों पर सशक्त बना है। इस तरह अनुवाद परंपरा भारत का प्राचीन ज्ञान विज्ञान जीवंत रखने का प्रमुख मापदंड बना है।

अध्याय-18

क्षेत्रीय ज्ञान और अनुवाद

प्रभा मेहता

"करती है विद्या सुगम, स्वर्ग लोक का पंथ।
निश्रेयस सोपान से समझो तुम सद्ग्रंथ।"

मैथिलीशरण गुप्त के अनुसार विद्या ज्ञान से परिपूर्ण सद्ग्रंथ ही वह सुगम पंथ है जो हम मानवों के जीवन को स्वर्ग बना देते हैं। सद्ग्रंथों से ही मानव जीवन प्रकाशित होता है।और केवल ज्ञान ही वह अक्षय तत्व है, जो किसी भी अवस्था में मानव का साथ नहीं छोड़ता। अर्थात किसी भी सभ्य, सुसंस्कृत, शिक्षित मानव समाज में ज्ञान की महत्वपूर्ण भूमिका रही है।

आदिकाल में जब लिपि का आविष्कार नहीं हुआ था, मुखाग्र रूप से कही गई बात को पुनः पुनः दोहरा कर दूसरों तक पहुंचाया जाता था।

जिसे कंठस्थ कर आगे आने वाली पीढ़ियों तक संक्रमित किया जाता था। किंतु तब से लेकर अबतक इस क्षेत्र में निरंतर विकास हुआ है। आज ज्ञान का अपूर्व भंडार विभिन्न भाषाओं में लिखित रूप में उपलब्ध है। और इस ज्ञान को अधिकाधिक लोगों तक पहुंचाने के लिए अनुवाद का सहारा लिया जाता है।

क्या है अनुवाद?इसका अर्थ स्पष्ट करते हुए चिंतामणी कोष में कहा गया है कि, "अर्थ प्राप्तस्य पुनः कथने, या ज्ञातार्थस्य प्रतिपादने, जिसका अर्थ है, पूर्व में पहले कही गई बात को पुनः पुनः दोहराना।

आधुनिक युग को तो अनुवाद का युग कहा गया है। वैसे 20 वीं शताब्दी में अनुवाद को अधिक महत्व प्राप्त हुआ। संचार साधनों के विकास के कारण मानवों का आपसी संपर्क यदि बढ़ा तो इलेक्ट्रो माध्यमों ने लोगों को और अधिक जोड़ा। इसमें सैटेलाइट की महत्वपूर्ण भूमिका है। इनके माध्यम से हम दुनिया के किसी भी कोने में उपलब्ध रचनाओं

को पढ सकते हैं,और सुन भी सकते है। अंतर्राष्ट्रीय स्तर पर भी आज राष्ट्रों के बीच साहित्यिक, सांस्कृतिक, सामाजिक, राजनैतिक आदान प्रदान के लिए अनुवाद का महत्व, आवश्यकता बढ गई है। आज अनुवाद को एक कला अथवा विज्ञान नही अपितु शिल्प माना जाता है। कारण अनुवाद केवल भाषांतर नहीं। प्रत्येक भाषा की अपनी एक छवि होती है, व प्रत्येक लेखक की भी अपनी एक अलग पहचान। यानी अनुवाद करते समय अनुवादक की कल्पना, भावना, विषय का सहज ज्ञान, उसकी कलात्मकता का भी महत्व होता है। अनुवादक को पुस्तक किस काल का प्रतिनिधित्व कर रही है, तथा उस क्षेत्र विशेष की सभ्यता व संस्कृति का ज्ञान होना भी आवश्यक है। इसके अतिरिक्त साहित्य की किस विधा का अनुवाद किया जा रहा है इसका भी ध्यान रखना अनिवार्य है। अनुवाद किए जाने वाली रचना गद्य है अथवा पद्य? यदि पद्य है तो उसमें भाव प्रवणता विशेष महत्व रखती है, भावनाओं का सहज प्रवाह अनिवार्य होता है। इट्स ने कहा है- "बीच में व्यवधान बहते प्रवाह में अटके पत्थर की तरह होता है। इसके विपरीत यदि हम गद्य विशेष रूप से किसी के जीवन चरित्र का अनुवाद कर रहे हैं तो हमें उस क्षेत्र विशेष का इतिहास, वहां की संस्कृति, सभ्यता वहां बहुतायत से बोली जाने वाली भाषा, प्रचलित रीति-रिवाज इत्यादि का ज्ञान होना भी अनिवार्य है।

यह तो हुई अनुवाद करते समय ध्यान में रखने योग्य कुछ आवश्यक तत्व। यदि कोई देश बहुभाषी है तो वहां अनुवाद का और अधिक महत्व बढ़ जाता है। उदाहरण स्वरूप हम अपने देश को ही लें। हमारे यहां कहा जाता है कि हर दस कोस पर भाषा बदल जाती है अब इतने बहुभाषी राज्य में तो जबतक एक भाषा के साहित्य का दूसरी भाषाओं में अनुवाद न हो वह लोगों तक सहजता से नहीं पहुंचाया जा सकता। आज अनेक भाषाएं विलुप्ती के कगार पर हैं यदि अनुवाद न हुआ को उन भाषा भाषियों के साथ उनके साहित्य का भी लोप हो जाएगा। अतः यह हमारी धरोहर है।

हमारे देश के संविधान में 22 भाषाओं को 8वीं अनुसूची में सम्मिलित किया गया है। किंतु पूरे देश में बोली जाने वाली भाषाओं व बोलियों की संख्या 1900 से अधिक है। यदि क्षेत्रीय भाषाओं के साहित्यकारों की रचनाओं का अनुवाद हिंदी में होता है तो वे राष्ट्रीय स्तर तक पहुंच जाती हैं। उदाहरणार्थ रविंद्रनाथ टैगोर, शरतचंद्र, सुब्रह्माण्यम भारती, अमृता प्रीतम, भूपेंद्र हजारिका, पद्मा सचदेव जैसे अनेक लेखक हैं जिनकी कालजयी रचनाओं ने भारतीय समाज को प्रभावित किया।

ऐसे लेखक भी हैं जिन्होंने अपनी मातृभाषा के साथ-साथ हिंदी में भी लेखन कर ज्ञान समाज के निर्माण में महत्वपूर्ण भूमिका निभाई है।

हिंदी में लिखने वाले लेखकों की रचनाओं का यदि प्रांतीय भाषाओं में अनुवाद होता है तो इससे भाषाई समन्वय तो होता ही है, वहां की सभ्यता लोक संस्कृति, इतिहास, व लोगों की जीवन शैली आदि के ज्ञान के साथ-साथ भाषाओं का भी समन्वय होता है और यह कार्य हमारे देश के अनुवादकों ने किया भी है। दो भाषा भाषियों को अनुवाद के माध्यम से जोड़ने का कार्य राष्ट्रीय एकता की दृष्टि से भी महत्वपूर्ण है। इस तरह क्षेत्रीय जीवन को अनुवाद के माध्यम से लोकहितकारी बनाने में अनुवाद की महत्वपूर्ण भूमिका रही है।

इस संबंध में अनुवाद से संबंधित मैं अपना एक अनुभव साझा करना चाहूंगी। पिछले वर्ष 2024 में हमारे ए जी आई का 47वां अधिवेशन चेन्नई में हुआ। हमारे अधिवेशनों में देश के विभिन्न प्रांतों से पधारे भिन्न भाषा भाषी लेखकों द्वारा लिखित पुस्तकों के लोकार्पण का भी एक कार्यक्रम होता है, होना भी चाहिए। आखिर लेखक अपनी लेखनी के द्वारा ज्ञान समाज के निर्माण में बड़ी महत्वपूर्ण भूमिका निभाते हैं और संस्था का उद्देश्य भी है इस ज्ञान परंपरा को आगे बढ़ाना। अस्तु।

इस सम्मेलन में मेरी जिस पुस्तक का विमोचन किया गया वह मूलरूप से गुजराती भाषा में लिखित है। "नरसैयो भक्त हरिनो" गुजरात के आद्य कवि माने जाने वाले संत नरसिंह मेहता के जीवन चरित्र को गुजरात के ही संत पुनीत ने बहुत ही भावपूर्ण, हृदय की गहराईयों के अनुभव से लिखा है। (अपने घर के छोटे से वाचनालय में गुजराती, अंग्रेजी, कुछ हिंदी की पुस्तकों में उपलब्ध इस पुस्तक को कई बार देखा। पर पूरी पुस्तक पढ़ने का सुअवसर कुछ वर्षों पूर्व ही मिला। पढ़कर संत नरसिंह मेहता के चरित्र से इतनी अधिक प्रभावित हुई कि मन में इस पुस्तक का हिंदी में अनुवाद करने का मन बार-बार हुआ। उसका एक बहुत बड़ा कारण भी था। मूल रूप से तो हम संत नरसिंह मेहता के गुजरात के जूनागढ़से ही हैं, और गर्व इस बात का भी था कि हम उन्हीं के वडनगरा नागर समाज से हैं। किंतु मुगल आक्रमण के समय गुजरात से असंख्य परिवार अपना मूल वतन गुजरात छोड़कर मध्यप्रदेश के निमाड जिले के खंडवा शहर में आकर बस गये व अनेक परिवार मध्य प्रदेश के ही मालवा व अन्य राज्यों में बस गये। जैसा कि प्रायः होता है हम धीरे-धीरे अपनी मूल गुजराती भाषा व साथ-साथ वहां के रीति रिवाज आदि भूलते चले गये व निमाड जिले में बोली जाने वाली निमाडी भाषा के साथ-साथ वहीं की संस्कृति को भी अपनाया। प्रश्न मन में यही बार-बार आ रहा था कि यदि इस महान चरित्र का हिंदी में अनुवाद किया जाय तो जो लोग अपना मूल प्रांत छोड़कर अन्यत्र बस कर अपनी गुजराती मातृभाषा संसुकृति भूल चुके हैं वे हिंदी में ही क्यों न इस महान चरित्र को पढ़े?

अंततः काफी प्रयत्नों के पश्चात अनुवाद का कार्य संपन्न भी हुआ एवं क्षेत्र विशेष के ज्ञान को लोक तक पहुंच पाने का आनंद भी मिला।

अध्याय-19

शैक्षिणिक अनुवाद

अशोक अश्रु विद्यासागर

शिक्षा के प्रचार-प्रसार में अनुवाद एक महत्वपूर्ण भूमिका निभाता है। अनुवाद न केवल विभिन्न भाषाओं के लोगों के बीच शिक्षा के आदान-प्रदान को संभव बनाता है अपितु यह शिक्षा को अधिक सुलभ और समावेशी बनाने में अपना विशेष योगदान देता है। यह भाषा अवरोधों को दूर कर ज्ञान और अनुसंधान तक सार्वभौमिक पहुंच सुनश्चित करता है, विभिन्न संस्कृतियों के बीच संवाद और समझ को बढ़ावा देता है तथा शिक्षा को समावेशी और वैश्विक बनाता है। अनुवाद शैक्षिक सामग्री को विविध भाषाई पृष्ठभूमि वाले छात्रों तक पहुंचने में मदद करता है, जिससे सभी को समान शैक्षिक अवसर मिलते हैं। शिक्षण प्रणाली एवं शिक्षण सामग्री के निर्माण में अनुवाद के योग को विस्मित नहीं किया जा सकता है। पूर्व में अनुवाद के वैश्विक महत्व पर अधिक चिंतन, मनन और अनुसंधान नहीं हुआ। लेकिन वर्तमान में विश्व के सभी देशों ने अनुवाद के महत्व को समझा और परखा है। इसीलिए सभी राष्ट्रों में अनुवादक की महती भूमिका बन पड़ी है। कहा जा सकता है कि मन में उठे विचारों की भाषाई प्रतीकात्मक अभिव्यक्ति ही अनुवाद है। अनुवाद को मूर्ति रूप प्रदान करने में चिंतकों और अनुवादविदों ने महत्वपूर्ण भूमिका निभाई है। स्त्रोत भाषा की पाठ सामग्री को लक्ष्य भाषा में अर्थ, भाव तथा शैली में परिवर्तन के बिना अंतरण की प्रक्रिया अनुवाद है। इसे यूँ भी कहा जा सकता है कि मूल भाव को यथा स्थिर रखते हुए स्त्रोत भाषा की पाठ सामग्री को लक्ष्य भाषा में अंतरित करना ही अनुवाद है। अंग्रेज विचारक सी.रेबिन अनुवाद के विषय में लिखते हैं- "अनुवाद एक ऐसी प्रक्रिया है जिसके द्वारा किसी एक भाषा में मौखिक या लिखित कथन का अर्थ किसी अन्य भाषा में पहले से मौजूद कथन के समान ही व्यक्त करने का इरादा और अनुमान होता है। इस प्रकार, इसमें दो अलग-अलग कारक शामिल होते हैं: वास्तविकता के किसी अंश का अर्थ या संदर्भ, और

उस वास्तविकता को सन्दर्भित करने में दो भाषाओं के बीच का अंतर।"

वर्तमान शिक्षा नीति में अनुवाद के महत्व और उसकी आवश्यकता को समझा गया है। इसी कारण नई शिक्षा नीति में उससे संबंधित विशेष प्रावधान किए गए हैं। राष्ट्रीय शिक्षा नीति 2020 के अनुक्रमांक 2.8 में कहा गया है कि "सभी भारतीय और स्थानीय भाषाओं में दिलचस्प और प्रेरणादायक बाल साहित्य और सभी स्तर के विद्यार्थियों के लिए स्कूल और स्थानीय पुस्तकालयों में बड़ी मात्रा में पुस्तकें उपलब्ध कराई जाएगीं जिसके लिए आवश्यकतानुसार उच्चतर गुणवत्ता के अनुवाद (आवश्यकतानुसार तकनीकी मदद से) भी करवाए जाएंगे।" जिससे अनुवाद के प्रत्येक स्तर और प्रकार का लाभ शिक्षा के प्रसार-प्रचार में योग देगा।

शिक्षण प्रणाली और शिक्षण सामग्री के विकास और परिमार्जन में अनुवाद की महत्ती भूमिका रही है। हिंदू संस्कृति के अनुसार ज्ञान के प्राथमिक स्त्रोत वैदिककाल में वेद थे। विश्व की प्रथम पुस्तकों में भी ज्ञान की पुस्तक को ही प्रथम पुस्तक माना जाता है। शनैः शनैः भाषाई विकास ने भिन्न-भिन्न भाषाओं को जन्म दिया। जिससे ज्ञान की अलग-अलग भाषाओं में भिन्न-भिन्न शाखाएं विकसित होती चली गईं। वेदों का ज्ञान आवश्यकतानुसार भावानुवाद, छायानुवाद, सारानुवाद, अर्थानुवाद के माध्यम से भिन्न-भिन्न भाषाओं में होता रहा। विद्यार्थियों को नीति-मूल्यों से परिचित कराने के लिए प्राचीन ग्रंथों के अनुवाद शिक्षा के क्षेत्र में किये जाते रहे। रामायण, महाभारत के प्रसंग, घटनाएं, चरित्र, जीवन मूल्य, संस्कार के अनुवाद अन्य भाषाओं के शिक्षार्थियों को संस्कारित करने के सोपान बने। आज विश्व में साहित्य के क्षेत्र में वैश्विक भाषाओं से अनुवादित रचनाएँ विद्यालयों, विश्वविद्यालयों के पाठ्यक्रम में शामिल कर छात्रों को एक-दूसरे की संस्कृति से जोड़ने व समझने का वृहद स्तर पर कार्य किया जा रहा है।

वर्तमान परिपेक्ष्य में अनुवाद के लाभः-

वर्तमान परिपेक्ष्य में अनुवाद के लाभ बहुत ही सारगर्भित एवं महत्वपूर्ण हैं। अनुवाद न केवल विभिन्न भाषाओं के लोगों के बीच संचार को संभव बनाता है, अपितु यह विभिन्न संस्कृतियों के बीच आदान-प्रदान को भी बढ़ावा देता है। अनुवाद की भूमिका के लाभों को निम्न शीर्षकों के अन्तर्गत समझा जा सकता है।

***1-वैश्वीकरण* :** वैश्वीकरण के इस युग में, अनुवाद विभिन्न देशों और संस्कृतियों के बीच व्यापार, वाणिज्य और संस्कृतियों में आदान-प्रदान को बढ़ावा देता है।

***2-संचार*:** अनुवाद विभिन्न भाषाओं के लोगों के बीच संचार को संभव बनाता है, जिससे वे अपने विचारों और भावनाओं को अनुवाद के माध्यम से व्यक्त कर सकते हैं।

3-व्यवसाय: व्यवसायिक दृष्टिकोण से आज शिक्षा का क्षेत्र बहुत व्यापक हो चुका है। अनुवाद इस क्षेत्र को अधिक सुलभ और समावेशी बना रहा है, जिससे विभिन्न भाषाओं के लोग विभिन्न व्यवसायों में भाग ले सकते हैं। इससे शिक्षा का क्षेत्र अत्यंत व्यापक होता जा रहा है।

4-संस्कृति: अनुवाद विभिन्न संस्कृतियों के बीच आदान-प्रदान को बढ़ावा देता है, जिससे लोग विभिन्न संस्कृतियों के बारे में जान सकते हैं और उनकी अच्छाइयों को आत्मसात कर सकते हैं। इससे विभिन्न संस्कृतियों का आपसी तारतम्य सहज और सरल हो रहा है।

5-समान पहुँच: अनुवाद यह सुनिश्चित करता है कि विभिन्न भाषाएँ बोलने वाले छात्र शैक्षिक सामग्री को अपनी मूल भाषा में समझ सकें, जिससे उनकी सीखने की प्रक्रिया बाधित न हो और वे समग्र विकास और ज्ञान की ओर उन्मुख हो सकें।

6-अभिगम्यता: अनुवादित पाठ्यपुस्तकों, सॉफ्टवेयर और अन्य शैक्षिक संसाधनों के माध्यम से, सभी छात्र समान शैक्षिक अवसरों का लाभ उठा सकते हैं। जिससे ज्ञान और संचार को बढ़ावा मिलता है।

7-ज्ञान का प्रसार: अनुवाद दुनिया भर से ज्ञान और सूचनाओं का विभिन्न भाषाओं में प्रसार करता है, जिससे छात्र एक-दूसरे से जुड़ सकते हैं और वैश्विक दृष्टिकोण विकसित कर सकते हैं।

8-भाषा कौशल विकास: अनुवाद विधि छात्रों को एक नई भाषा की शब्दावली को समझने और उसकी तुलना अपनी मूल भाषा से करने में मदद करती है, जिससे उनकी भाषा पर पकड़ मजबूत होती है और वे आत्मविश्वास से विचार व्यक्त कर पाते हैं।

9-सामग्री का रूपांतरण: शैक्षिक सामग्री को विविध भाषाओं में रूपांतरित करके, अनुवादित सामग्री को अधिक सुपाच्य और रुचिकर बनाया जाता है, जिससे छात्र सामग्री के साथ बेहतर जुड़ पाते हैं।

कहने का तात्पर्य यह है कि अनुवाद की यह प्रविधि अस्तित्व में न होती तो शिक्षार्थियों, शोधार्थियों को केवल उतना ही ज्ञान सम्प्रेषित हो पाता जो उनकी भाषा में उपलब्ध होता। इस प्रकार कहा जा सकता है कि ज्ञान का वैश्विक स्तर पर विकास नहीं हो पाता। गणित, विज्ञान, इतिहास, भूगोल, भौतिकी, अंतरिक्ष जैसी तकनीक की सामग्री प्राप्त स्त्रोतों से अनुवाद के माध्यम से प्रत्येक देश और प्रत्येक भाषा में समाविष्ट की

जाती रही हैं। वैज्ञानिक अविष्कार हर किसी के बस की बात नहीं है क्योंकि इनके लिए अत्यधिक धैर्य और संसाधनों की जरूरत होती है। अतः एक स्थान पर किया शोध अथवा आविष्कार अनुवाद के माध्यम से अन्य स्थानों एवं अन्य भाषाओं के जरिए समूचे विश्व को लाभान्वित करता है। भास्कर, आर्यभट्ट, चरक, सुश्रुत, चार्ल्स डार्विन, ग्रेगर जॉन मेंडल, केल्विन, ग्राहम बेल, गैलिलियो, आर्कमिडीज जैसे वैज्ञानिक किसी एक देश में नहीं जन्मे लेकिन उनके अविष्कार का लाभ अनुवाद के माध्यम से सम्पूर्ण जगत ने प्राप्त किया। आज विभिन्न स्थानों और समाजों में हुए अविष्कारों से प्राप्त ज्ञान अनुवाद के माध्यम से सम्पूर्ण विश्व को शिक्षित कर रहा है।

वर्तमान परिपेक्ष्य में अनुवाद की भूमिका बहुत ही महत्वपूर्ण है। अनुवाद शिक्षा के प्रचार-प्रसार में एक महत्ती भूमिका का निर्वहन कर रहा है। यह शिक्षा को अधिक सुलभ, समावेशी और उच्च गुणवत्ता वाला बनाता है। अनुवाद के माध्यम से हम विभिन्न भाषाओं और संस्कृतियों के लोगों को शिक्षा के संसाधनों का उपयोग कराने में मदद कर सकते हैं और शिक्षा की पहुंच वृहद क्षेत्र में पहुंचने में योग कर सकते हैं।

संदर्भः-

1-साहित्य शास्त्र: डॉ.सीताराम सोनवणे

2- भाषा विज्ञान: डॉ.भोलानाथ तिवारी

3- राष्ट्रीय शिक्षा नीति 2020

4- गवेषणा: अंक 137 जुलाई-सितंबर, 2024

अध्याय-20

भारतीय ज्ञान-विज्ञान को जीवंत करने का माध्यम : अनुवाद

डॉ. अपराजिता शर्मा

प्रस्तावना

भारत प्राचीन काल से ही ज्ञान और विज्ञान की धरती रहा है। यहाँ वेद, उपनिषद, पुराण, आयुर्वेद, गणित, खगोल, चिकित्सा, वास्तु, शिल्प, नाट्यशास्त्र, योग, न्यायशास्त्र और दर्शन की गहन परंपराएँ विकसित हुईं। इन ग्रंथों और परंपराओं में केवल धार्मिक आस्था या दार्शनिक चिंतन ही नहीं, बल्कि जीवनोपयोगी विज्ञान और व्यावहारिक अनुभव भी निहित थे।

किन्तु समय के प्रवाह में यह ज्ञान धीरे-धीरे जनसाधारण की पहुँच से दूर होता गया। एक ओर विदेशी आक्रमण और औपनिवेशिक शासन ने भारतीय परंपराओं की उपेक्षा की, दूसरी ओर भाषाई अवरोध ने इन्हें सीमित वर्ग तक बाँध दिया। संस्कृत, पाली, प्राकृत, अपभ्रंश, अवधी, ब्रज, तमिल या प्राचीन लिपियों में लिखे ग्रंथ अब सामान्य व्यक्ति के लिए दुर्बोध हो चुके हैं।

ऐसे में अनुवाद एक महत्त्वपूर्ण साधन के रूप में सामने आता है। अनुवाद के माध्यम से प्राचीन ज्ञान की भाषाई बाधाएँ टूट सकती हैं और वह आधुनिक समाज तक पुनः पहुँच सकता है। यह शोध पत्र इसी तथ्य पर केंद्रित है कि किस प्रकार अनुवाद भारतीय ज्ञान-विज्ञान को जीवंत करने का सेतु बन सकता है।

समस्या का स्वरूप

1. भाषाई दूरी – अधिकांश प्राचीन ग्रंथ संस्कृत, पाली, तमिल आदि भाषाओं में हैं, जिन्हें आज केवल विद्वान ही पढ़ पाते हैं।

2. औपनिवेशिक प्रभाव – अंग्रेज़ी शिक्षा पद्धति ने भारतीय ज्ञान परंपरा को "अवैज्ञानिक" बताकर हाशिए पर डाल दिया।

3. हस्तलिपि संरक्षण का संकट – हजारों ग्रंथ अभी भी पुस्तकालयों या संग्रहालयों में अप्रकाशित हैं।

4. आधुनिक पीढ़ी की अनभिज्ञता – युवाओं के सामने केवल पश्चिमी विज्ञान का परिप्रेक्ष्य आता है; उन्हें अपने देश की ज्ञान परंपरा का परिचय नहीं मिल पाता।

5. अपूर्ण अनुवाद – कई बार हुए अनुवाद शाब्दिक या विकृत रहे हैं, जिनसे मौलिक अर्थ और सांस्कृतिक भाव नष्ट हो जाते हैं।

शोध का उद्देश्य

यह प्रतिपादित करना कि अनुवाद भारतीय ज्ञान-विज्ञान को पुनर्जीवित करने का एक अनिवार्य साधन है।

यह दिखाना कि इतिहास में अनुवाद के माध्यम से भारतीय विचार विश्वभर में पहुँचे।

यह स्पष्ट करना कि वर्तमान में अनुवाद को किस प्रकार संगठित रूप से अपनाकर सांस्कृतिक और वैज्ञानिक पुनर्जागरण लाया जा सकता है।

भारतीय ज्ञान-विज्ञान की परंपरा

भारत में ज्ञान-विज्ञान केवल प्रयोगात्मक न होकर समग्र दृष्टि से विकसित हुआ।

चिकित्सा विज्ञान – चरक संहिता, सुश्रुत संहिता।

गणित व खगोलशास्त्र – आर्यभट की आर्यभटीय, भास्कराचार्य की लीलावती, ब्रह्मगुप्त की ब्राह्मस्फुटसिद्धांत।

दर्शन व योग – पतंजलि के योगसूत्र, न्याय, सांख्य, वेदांत, बौद्ध व जैन दर्शन।

साहित्य व नाट्यशास्त्र – भरतमुनि का नाट्यशास्त्र, कालिदास की काव्यकृतियाँ।

वास्तु व शिल्पशास्त्र – मयमत, वास्तुशास्त्र, शिल्पसूत्र।

इनकी मूल भाषा संस्कृत या अन्य प्राचीन भाषाएँ थीं। आज यदि इन्हें समझना है तो अनुवाद ही मार्ग है।

अनुवाद का ऐतिहासिक महत्व

1. भारतीय ज्ञान का अरब जगत तक पहुँचना

8वीं–12वीं शताब्दी के बीच भारतीय गणित और खगोलशास्त्र का अरबी भाषा में अनुवाद हुआ। आर्यभट और ब्रह्मगुप्त की रचनाएँ “अल-हिंद” के नाम से अरब जगत पहुँचीं। दशमलव पद्धति, शून्य और बीजगणित की अवधारणा यूरोप तक इसी अनुवाद के माध्यम से पहुँची।

2. यूरोपीय पुनर्जागरण पर प्रभाव

अरबी से लैटिन अनुवादों ने यूरोपीय पुनर्जागरण की नींव रखी। “Algorithm” शब्द अल-ख्वारिज्मी से निकला, जिसने भारतीय गणित के सूत्रों को अरबी में और फिर यूरोप तक पहुँचाया।

3. बौद्ध ग्रंथों का अनुवाद

बौद्ध भिक्षु जब चीन और तिब्बत गए तो उन्होंने संस्कृत और पाली ग्रंथों का चीनी और तिब्बती भाषाओं में अनुवाद किया। इससे एशिया में बौद्ध दर्शन का प्रसार हुआ।

4. उपनिषद और गीता का अनुवाद

18वीं–19वीं शताब्दी में उपनिषदों और भगवद्गीता का अंग्रेज़ी व जर्मन में अनुवाद हुआ। जर्मन दार्शनिक शोपेनहॉवर ने उपनिषदों को अपनी आध्यात्मिक प्रेरणा बताया।

5. आधुनिक भारत में प्रयास

स्वामी विवेकानंद, महर्षि अरविंद, गांधीजी ने भारतीय दर्शन को अनुवाद व व्याख्या के माध्यम से जनसाधारण और पश्चिमी जगत तक पहुँचाया।

अनुवाद : सेतु का कार्य

अनुवाद केवल शब्दांतरण नहीं बल्कि सांस्कृतिक संप्रेषण है। यह प्राचीन और आधुनिक, परंपरा और नवाचार, पूर्व और पश्चिम, विद्वान और सामान्य जन के बीच सेतु बनता है।

वैज्ञानिक ग्रंथों में – आयुर्वेद का आधुनिक भाषाओं में अनुवाद कर चिकित्सा शोध में प्रयोग।

साहित्यिक ग्रंथों में – तुलसीदास की रामचरितमानस के अंग्रेज़ी अनुवाद ने भारतीय भक्ति परंपरा को वैश्विक पहचान दी।

शिक्षा में – संस्कृत सूत्रों को हिंदी-अंग्रेज़ी में लाकर नई पीढ़ी के लिए सुलभ बनाना।

अनुवाद की चुनौतियाँ

1. शाब्दिक बनाम भावानुवाद – "धर्म" शब्द का शाब्दिक अनुवाद "religion" करना उसके व्यापक अर्थ को खो देता है।

2. वैज्ञानिक शब्दावली का अभाव – कई प्राचीन अवधारणाओं का आधुनिक वैज्ञानिक शब्दों में समकक्ष ढूँढ़ना कठिन है।

3. अनुवादक की दृष्टि – यदि अनुवादक पश्चिमी दृष्टि से काम करता है तो भारतीय संदर्भ खो जाते हैं।

4. बहुभाषिकता – भारत की विविध भाषाओं के कारण एक ही ग्रंथ के अनेक रूप बन जाते हैं, जिससे भ्रम की स्थिति उत्पन्न होती है।

समाधान और सुझाव

1. विशेषज्ञ अनुवाद केंद्र – विश्वविद्यालयों में भारतीय ज्ञान परंपरा अनुवाद केंद्र स्थापित हों, जहाँ भाषाविद् और वैज्ञानिक मिलकर कार्य करें।

2. डिजिटलाइजेशन – प्राचीन ग्रंथों की स्कैनिंग, ऑनलाइन भंडार और बहुभाषी ई-लाइब्रेरी बनाई जाए।

3. सरकारी सहयोग – राष्ट्रीय शिक्षा नीति 2020 में पारंपरिक ज्ञान के अनुवाद को बढ़ावा देने की नीतियाँ लागू हों।

4. लोकप्रिय रूपांतरण – कठिन शास्त्रीय ग्रंथों को सरल भाषा और कहानी शैली में प्रस्तुत करना।

5. अंतरराष्ट्रीय विमर्श – विदेशी भाषाओं में गुणवत्तापूर्ण अनुवाद कर भारत की ज्ञान धरोहर को वैश्विक पटल पर लाना।

6. शोध और प्रशिक्षण – अनुवादक तैयार करने के लिए प्रशिक्षण पाठ्यक्रम, कार्यशालाएँ और छात्रवृत्तियाँ।

वर्तमान परिप्रेक्ष्य में अनुवाद की आवश्यकता

स्वास्थ्य क्षेत्र – आयुर्वेदिक चिकित्सा पद्धति को अंग्रेज़ी और अन्य भाषाओं में अनुवाद कर वैश्विक चिकित्सा में सम्मिलित किया जा सकता है।

पर्यावरण ज्ञान – ऋग्वेद और उपनिषदों में निहित प्रकृति संरक्षण संबंधी दृष्टि आज

की पर्यावरणीय संकट में उपयोगी है।

शिक्षा – भारतीय गणित और विज्ञान को स्कूली पाठ्यक्रम में लाने के लिए अनुवाद अनिवार्य है।

संस्कृति और पर्यटन – विदेशी भाषाओं में अनुवाद भारतीय विरासत को आकर्षक बना सकता है।

निष्कर्ष

भारतीय ज्ञान-विज्ञान केवल इतिहास की वस्तु नहीं, बल्कि वर्तमान और भविष्य की धरोहर है। यदि यह ज्ञान जीवित रहना है तो अनुवाद के माध्यम से ही संभव है। अनुवाद एक पुनर्जागरणकारी शक्ति है, जो भारत की सांस्कृतिक और वैज्ञानिक परंपरा को आधुनिक संदर्भ में पुनर्स्थापित कर सकता है। यह कार्य केवल विद्वानों या सरकार का नहीं, बल्कि समाज के हर वर्ग की साझेदारी से संभव है।

संदर्भ सूची

1. शर्मा, रामानुज. भारतीय ज्ञान परंपरा और आधुनिक समाज. दिल्ली: राजकमल प्रकाशन, 2018.
2. देव, नागेंद्र. संस्कृत साहित्य का विज्ञान दृष्टिकोण. वाराणसी: चौखंबा प्रकाशन, 2016.
3. Plofker, Kim. Mathematics in India. Princeton University Press, 2009.
4. Wujastyk, Dominik. The Roots of Ayurveda. Penguin Books, 2003.
5. Gombrich, Richard. Theravada Buddhism: A Social History. Routledge, 2006.
6. Vivekananda, Swami. Complete Works of Swami Vivekananda. Advaita Ashram, Kolkata.
7. Aurobindo, Sri. The Foundations of Indian Culture. Pondicherry: Sri Aurobindo Ashram, 1997.

अध्याय-21

अनुवाद की कुछ समस्याएँ और चुनौतियाँ

पी षणमुखम, चेन्नै

यह कहा जा सकता है कि भाषा अनुवाद एक सीमा पार करने या एक बोतल से दूसरी बोतल में इत्र ले जाने से ज़्यादा कुछ नहीं है। कई विद्वानों ने अनुवाद शब्द को अपने-अपने तरीके से परिभाषित किया है, लेकिन मोटे तौर पर कहें तो अनुवाद स्रोत भाषा से एक सामग्री को लक्ष्य भाषा में प्रस्तुत करने की प्रक्रिया है। यह एक ही शरीर के कपड़े बदलने जैसा है। साहित्य की हर विधा के अनुवाद में कुछ समस्याएं और चुनौतियां होती हैं। अनुवाद ने भारत के इतिहास को समेटने में बहुत महत्वपूर्ण भूमिका निभाई है। स्वतंत्र भारत के पहले और बाद में, अनुवाद का साधन ऐसे साबित हुआ है जिसने विविध भारतीय संस्कृतियों को एक साथ जोड़ा है। भारत जैसे देश के लिए, एक राष्ट्रीय पहचान से निपटना एक बहुत ही नाजुक और चुनौतीपूर्ण मामला है, जो सामाजिक, धार्मिक, सांस्कृतिक और भाषाई विविधता की कई परतों से अपनी ताकत खींचती है। अनुवादकों ने हमेशा ज्ञान और सूचना का विस्तार करते हुए सामाजिक और सांस्कृतिक परिवर्तन में अपना महत्वपूर्ण योगदान प्रदान किया है। अनुवाद व्यापक रूप से फैली हुई विभिन्न संस्कृतियों का परिचय देते हुए उन्हें आपस में जोड़ता है, जो एक-दूसरे से अलग-थलग हैं। यह एकमात्र ऐसा माध्यम है जहाँ बहु-संस्कृतिवाद अपनी सभी बारीकियों के साथ घटित होता है। दूसरे शब्दों में कहा जाए तो अनुवादकों के पास संस्कृतियों और भाषाओं के बीच संयोजक के रूप में कार्य करने की क्षमता है।

भाषाओं की तुलनात्मक अध्ययन से यह जान पड़ता है कि अंग्रेज़ी भाषा में भावनात्मक और रचनात्मक अभिव्यक्ति बहुत कम मात्रा में उपलब्ध है। इसलिए किसी भी साहित्यिक कार्य को वैश्विक या प्रादेशिक बनाने के लिए अंग्रेज़ी अनुवाद का चयन करना अनिवार्य हो गया है। चूँकि अंग्रेज़ी एकमात्र ऐसी भाषा है जो विरोधाभासों से भरी है

और पूरे ब्रह्मांड में व्याप्त है, इसलिए अनुवादकों के लिए राष्ट्रीय साहित्य में अनुवाद करना बहुत स्वाभाविक है। दलित साहित्य का अंग्रेजी में अनुवाद करने का उद्देश्य भारत के सीमा पर पड़े समुदाय के साथ-सीमा पर पड़े लोगों की जीवन गाथाओं को अंतरराष्ट्रीय मंच पर लाना है, जो निम्न वर्ग के समान ही उत्पीड़ित तबकों द्वारा गुलाम बनाए गए हैं। अनुवादक के लिए यह एक राजनीतिक कार्य भी बन गया है। उल्लेखनीय है कि प्रतिरोध की विभिन्न अभिव्यक्तियों के बीच समझ के पुल बनाने के उद्देश्य से ऐसा किया गया था। उनकी अमानवीय पीड़ा को उजागर करने वाले क्षेत्रीय दलित साहित्य का अनुवाद स्वतंत्रता के बाद भी जारी रहा है। अनुवादकों के सामने आने वाली कई समस्याएं उनके सामने कठिन चुनौतियां पेश करती हैं। गद्य अनुवादक के सामने आने वाली पहली समस्या अपनी भाषा में ऐसे शब्द ढूँढ़ना है जो कुछ शब्दों के अर्थ के प्रति उच्चतम संभव निष्ठा व्यक्त करते हों। कुछ अस्पष्ट वाक्यविन्यास, भावनाएँ, सांस्कृतिक बारीकियाँ, हास्य और किसी कार्य के अन्य सूक्ष्म तत्व अनुवाद प्रक्रिया में समस्याएँ पैदा करते हैं। कुछ सबसे भ्रामक और परेशान करने वाली समस्याएँ इस प्रकार हैं:

1. अनुवादक के लिए प्रतिनिधित्व की समस्याः

यह उत्पीड़ित लोगों के बीच आदान-प्रदान की जाने वाली बोलचाल की भाषा के पाठ का अनुवाद करने में आने वाली मुख्य समस्याओं में से एक है। जैसा कि प्रोफेसर माया पंडित बताती हैं, ऐसी समस्या तब उत्पन्न होती है जब अनुवादक उत्पीड़ित लोगों के पाठ को पूरी तरह से समझने और पाठ में छिपे या निष्क्रिय अस्पष्टताओं को मिटाने के लिए उसमें गहराई से उतरने की कोशिश करता है। अनुवाद के माध्यम से इन सुप्त सत्यों को कैसे जीवंत किया जाए, यह अनुवादक की समस्या है। लेकिन अगर अनुवादक को उसी संस्कृति, वर्ग और भाषा से ताल मेल है, तो एक निश्चित मात्रा में समझ और प्रयासों से इस समस्या को बहुत अच्छी तरह से हल किया जा सकता है।

2. कहावतों और उनका अनुवादः

अनुवादक के लिए दूसरी चुनौती स्रोत भाषा की कहावतों और कथनों का लक्ष्य भाषा में अनुवाद करना है। कभी-कभी बोली की अपनी विशिष्ट विशेषताएँ हो सकती हैं जो मानक भाषा से काफ़ी अलग हो सकती हैं। चूँकि प्रत्येक कहावत में भाषाई अर्थ और भाषाई संरचना दोनों ही होती हैं, इसलिए अनुवादक को स्रोत भाषा से लक्ष्य भाषा में

अनुवाद करते समय दोनों को ध्यान में रखना चाहिए।

3. विभिन्न संस्कृतियों की समस्या:

अनुवाद में सबसे कठिन समस्याओं में से एक और है संस्कृतियों के बीच होनेवाली अंतर है। किसी विशेष संस्कृति के लोग हर चीजों को अपने दृष्टिकोण से देखते हैं। कई शब्द एक जैसे समान लगने पर भी वास्तव में समानता नहीं हैं। इसलिए अनुवादकों को भिन्न भिन्न संस्कृतियों की संस्कारों के बारे में ज्ञात होना अनिवार्य है क्योंकि सामाजिक संबंध, रीति-रिवाज और परम्पराएँ तो संस्कृति के ही अंग हैं।

4. रजिस्टर में कामों के अनुवाद की समस्या:

संबंधित स्थानीय आबादी द्वारा बोली जाने वाली किसी विशेष प्रमुख भाषा में कविता का अनुवाद करने में कोई नुकसान नहीं है। मगर किसी एक काल्पनिक या नाटकीय रचनाएँ, विशेष रूप से किसी विशेष भाषा के कुछ संदर्भ के तहत लिखी गई कविताएँ अनुवादक के लिए समस्याएँ खड़ी करती हैं। रजिस्टर स्थिति की विविधता के अनुरूप भाषा की विविधता है। चूंकि भाषा की बोलचाल की भाषा जगह-जगह अलग-अलग होती है, इसलिए कुछ इलाकों में सामान्य से अधिक शब्द और अभिव्यक्तियाँ होती हैं। अर्थात विशिष्ट समस्याओं को पंजीकरण करना उतना आसान नहीं है।

5. घरेलूकरण और विदेशीकरण

कोई भी दो भाषाएँ बिल्कुल एक जैसी नहीं होतीं, यही कारण है कि भाषाएँ अलग-अलग होती हैं और उनकी संबंधित संस्कृतियाँ भी अलग-अलग होती हैं। इसलिए, कोई भी सही अनुवाद नहीं हो सकता है।

इसका परिणाम यह होता है कि पाठ या तो घरेलू होते हैं या विदेशी। 19वीं शताब्दी में, यह तर्क दिया गया था कि अनुवाद के लिए केवल दो लागू रणनीतियाँ थीं: "अनुवादक लेखक को यथासंभव सहजता से छोड़ता है और पाठक को उसकी ओर ले जाता है; या अनुवादक पाठक को यथासंभव सहजता से छोड़ता है और लेखक को उसकी ओर ले जाता है।"

6. भाषण के अलंकारों के अनुवाद में समस्याएँ:

जैसा कि ऊपर बताया गया है, भाषाएँ अलग-अलग होती हैं और उनकी सांस्कृतिक

पृष्ठभूमि और वे साहित्यिक और सांस्कृतिक वस्तु वर्णन करने के बजाय कुछ सुझाव देते हैं। इसलिए सांस्कृतिक अर्थ बहुत विशिष्ट होते हैं और उनके अर्थ अन्य भाषाओं के शब्दों से भिन्न होते हैं। इसका मुख्य कारण यह है कि एक ही शब्द के अर्थ अलग-अलग भाषाओं में बदल जाते हैं। उदाहरण के लिए, ड्रैगन चीनी संस्कृति में वीरता और ताकत का प्रतीक है, जबकि अंग्रेजी संस्कृति में इसे अपशकुन माना जाता है। इसी तरह, "उल्लू" ब्रिटिश दुनिया में ज्ञान का प्रतीक है, लेकिन यह फारसी और भारतीय संस्कृति में "दुर्भाग्य" को इंगित करता है।

7. कविता के अनुवाद में समस्याएँ:

यह इस अध्ययन में अंतिम लेकिन कम महत्वपूर्ण समस्या नहीं है। कविता का अंग्रेजी में अनुवाद करते समय कई समस्याएँ आती हैं। यह एक आम धारणा है कि गद्य का अनुवाद कविता के अनुवाद से कहीं ज़्यादा आसान है क्योंकि संरचना, शब्द क्रम और लय को समझना बहुत मुश्किल होता है। इसलिए, अगर अनुवादक शब्द चयन, शब्द क्रम और ध्वनियों को नष्ट कर देता है, तो वह मूल कविता की सुंदरता को बिगाड़ता और विकृत करता है। कविता में सौंदर्य मूल्य कविता की संरचना, रूपक और ध्वनि में निहित है, और अगर अनुवादक इन सभी पहलुओं को लक्ष्य भाषा में बनाए रखने में विफल रहता है, तो उसका अनुवाद मूल भाषा का सौंदर्यानुभूति को नहीं ला पाएगा।

निष्कर्ष: अनुवादक के सामने कठिन चुनौती पेश करने वाली उपयुक्त समस्याओं का समाधान किए बिना, हम यह नहीं कह सकते कि अनुवादित सामग्री मूल कार्य की तरह पूर्ण संतुष्टि और सौंदर्यानुभूति प्रदान करती है। एक कुशल अनुवादक इन समस्याओं से सावधानीपूर्वक निपटता है और अपने अनुवाद में प्रामाणिकता लाने के लिए हमेशा सूक्ष्म तत्वों और विवरणों का ध्यान रखता है।

अध्याय-22

थर्ड जेंडर की भाषा में वैज्ञानिक दृष्टिकोण: अंत: प्रतीकात्मक अनुवाद के संदर्भ में

डॉ. राजकुमार

अनुवाद एक ऐसी साहित्यिक गतिविधि है जिसने हिन्दी, रोमन एवं अन्य भाषाओं के साहित्य के अंतर्गत एक ओर नवीन साहित्य का सृजन हो रहा है तो साथ ही अनुवाद में कई भाषा विज्ञान से सम्बद्ध कई ऐसे आयाम हैं जिन्हें अनुवाद के क्षेत्र में दृष्टिकोण पर शोधार्थियों एवं अनुवादकों के द्वारा नवीन कार्य किया जा रहा है। हिन्दी भाषा विज्ञान के प्रतीक सिद्धांत से प्रेरित अनुवाद के अंतर्गत कई निम्नलिखित प्रकारों में सम्बन्धित प्रतीक विज्ञान एक ऐसा ही प्रकार या अभिकल्प है। प्रतीक विज्ञान में प्रतीकों का वैज्ञानिक अध्ययन किया जाता है अपितु अनुवाद के क्षेत्र में अंतःप्रतीकात्मक अनुवाद का प्रयोग वैज्ञानिक दृष्टिकोण एवं भाषा की गहराई को ध्यान में रखते हुए इनका प्रयोग चिह्नित अनुवाद के रूप में किया जाता है। चूंकि प्रतीक कभी अकेले या बिना परिवेश के प्रतीक नहीं रह पाता। अतः प्रतीक के वैज्ञानिक अध्ययन के स्थान पर प्रतीकों की व्यवस्था के वैज्ञानिक अध्ययन को प्रतीक-विज्ञान कहना अधिक उचित लगता है। उदाहरण के लिए श्री राम रामायण की व्यवस्था के अधीन ही आदर्श पुरुषोत्तम के रूप के प्रतीक हैं, उसके बाहर नहीं। व्यावहारिक धरातल पर मित्र के नाम राम हो सकते हैं लेकिन उसका नाम लेने से आदर्श पुरुषोत्तम अर्थ का भान न होकर व्यक्ति मात्र का भान होता है। यही स्थिति रामायण के अन्य पात्र - सीता, रावण, कुंभकर्ण, हनुमान आदि के बारे में है। यह सभी रामायण के संदर्भ में ही प्रतीक हैं, उसके बाहर नहीं। अतः स्पष्ट होता है कि प्रत्येक प्रतीक इस व्यवस्था का हिस्सा या अंग मात्र होता है। प्रतीक का वैज्ञानिक अध्ययन तभी संभव हो पाता है जब उसे उस व्यवस्था के संदर्भ में देखा जाए जिसके अधीन उसका प्रयोग हुआ है।

प्रतीक विज्ञान की परिधि बहुत विस्तृत है, जहाँ-जहाँ प्रतीक की उपस्थिति है वहाँ-वहाँ प्रतीक विज्ञान का क्षेत्र परिव्याप्त है। भाषा विज्ञान हो या साहित्य, गणित हो या

भौतिक, मनोविज्ञान हो या दर्शन - सर्वत्र प्रतीक की उपस्थिति है। अतः इस दृष्टि से प्रतीक विज्ञान की सीमा में संसार का सब कुछ समा जाता है। भाषा के संदर्भ में यह सर्वमान्य है कि भाषा वाचक प्रतीकों की एक व्यवस्था है जो कि साहित्य की अभिव्यक्ति का माध्यम बनती है। इसलिए भाषिक प्रतीक भी साहित्य के अंतर्गत प्रतीक व्यवस्था का विषय बन गए। भाषा में प्रतीक वस्तु का न होकर उसकी मानसिक संकल्पना का होता है। भाषा की परिभाषा देते हुए डॉ. भोलानाथ तिवारी ने ठीक ही कहा है कि- "भाषा उच्चारण अवयव से उच्चरित ध्वनि की एक संरचनात्मक व्यवस्था है जिसके द्वारा समाज विशेष के लोग विचारों का आदान-प्रदान करते हैं।" थर्ड जेंडर की भाषा एवं अनुवाद प...वहीं दूसरी ओर भाषा विज्ञान में भाषिक प्रतीकों की व्यवस्था का अध्ययन किया जाता है। कुछ विद्वान प्रतीक विज्ञान को भाषा विज्ञान का अंग मानते हैं तो कुछ इसके विपरीत इसे एक शोधपरक भाषाई प्रकार के रूप में देखते हैं।

अनुवाद के संदर्भ में देखा जाए तो मूल भाषा के पाठ का प्रतीकांतरण ही अनुवाद है। मूल या स्रोत भाषा का पाठ अपनी प्रकृति में प्रतीकबद्ध होता है। प्रतीकबद्ध होने के कारण ही उसमें कथ्य और अभिव्यक्ति का अंतरण संभव होता है। इस प्रकार मूल भाषा या स्रोत भाषा के इस प्रतीकबद्ध पाठ के कथ्य या संदेश का लक्ष्य भाषा में अंतरण ही अनुवाद है। इस अंतरण को पूर्णता तभी मिलती है जब अंतःप्रतीकात्मक के द्वारा स्रोत भाषा के शब्दों में निहित भाषायी उपादेयता को ध्यान में रखते हुए उसका अनुवाद एवं अर्थ की गहराई का विवेचन प्रतीक सिद्धांत के आधार पर भी किया जाता है।

परिभाषाएँ

प्रतीक विज्ञान की परिभाषा भिन्न-भिन्न विद्वानों ने भिन्न-भिन्न ढंग से दी है जो निम्नलिखित है -

* जॉन लोके (John Locke) ने प्रतीक विज्ञान को चिह्नों का सिद्धांत माना है।

* पियर्स (Peirce) ने इसे चिह्न अथवा संकेतों के औपचारिक या आवश्यक शास्त्र के रूप में स्वीकारा है।

* रोलन वर्डस ने इसे "भाषा विज्ञान की शाखा अर्धविज्ञान के रूप में माना है लेकिन उनका यह भी मानना है कि इसका क्षेत्र अर्थ विज्ञान से कुछ बड़ा है क्योकि अर्थ विज्ञान में सामान्यता भाषिक इकाई के सामान्य अर्थ की बात की जाती है जबकि प्रतीक विज्ञान की इकाई प्रतीक अर्थ की दृष्टि से एक बड़ी इकाई है क्योंकि इसके द्वारा सामान्य अर्थ के साथ-साथ प्रतीकार्थ रूप विशिष्ट अर्थ भी द्योतित होता है।"

आवश्यक है। इसके अलावा प्रतीक को सूचक, चिन्ह, अभिसूचक कई तरीके के नामों से भी संबोधित किया जाता हैं। अनुवाद के अंतर्गत भाषाई व्यवहार का प्रतीक सिद्धांत एक वैज्ञानिक कारक है, जिसके द्वारा अनुवाद के क्षेत्र में अनुवाद से परे कई तरह के सामाजिक, सांस्कृतिक, यौनिक एवं नवीन शोध संबंधी विषयों पर बड़े ही रोचक ढंग से कार्य किये जा रहे हैं।

आज वर्तमान समय में किन्नर समुदाय को समाज के कई समुदायों में सम्मान और कार्य करने का अधिकार संवैधानिक रूप से प्राप्त हो चुका है, परन्तु उनकी सामाजिक एवं सांस्कृतिक स्थिति में कोई परिवर्तन सकारात्मक रूप से अधिकाधिक देखने को नहीं मिला है, फिर भी शैक्षणिक स्तर पर शोध विषय के रूप में आज वर्तमान समय में कई तरीकों से किन्नर समुदाय की सांस्कृतिक, सामाजिक एवं भाषायी परिस्थितयों को ध्यान में रखते हुए कई शोध-कार्य किये जा रहे हैं। इन सभी कार्यों का वर्तमान समय में किन्नरों पर एवं उनके जीवन यापन, उनकी संस्कृति और सामाजिक परम्पराओं एवं साथ ही साथ भाषाई व्यवहार में भी सकारात्मक दृष्टिकोण देखने को मिलते हैं प्रतीक सिद्धांतों के द्वारा अनुवाद की शाखा में किन्नरों के भाषा को महत्ता देते हुए उनकों वैज्ञानिक दृष्टिकोण से देखा जा रहा है, जो कहीं न कहीं शिक्षा के क्षेत्र में नवीन प्रयास है।

भारतीय समाज का एक ऐसा वर्ग जो कि साधारण मनुष्य की भांति ही इस समाज का अंग है, परन्तु इस समाज से भिन्न उसकी एक अलग पहचान है, जिसे समाज का अन्य व्यक्ति उपहास का पात्र मानता है, वो है हिजड़ा समुदाय। आज भारतीय समाज में हिजड़ों की स्थिति से हम सभी लोग परिचित हैं। हिजड़ा शब्द आज समाज में एक गाली की भांति है। सामान्य रूप से हिजड़ा शब्द उन लोगों के लिए प्रयोग किया जाता है, जो दिखते पुरुष जैसे है लेकिन उनको पहनावा, उनके हाव भाव सभी स्त्री की भांति दिखाई पड़ते हैं। वही जब बात की जाती है विज्ञान की तो साधारण शब्दों में विज्ञान की कार्यधार्मिता साक्ष्यों एवं ऐतिहासिक एवं वर्तमान दोनों परिवेश की स्थूल से सूक्ष्म स्थिति तक का संज्ञान कर तथ्यों का अंकन करना होता है विज्ञान की शाखा अपने आप में यथार्थ एवं सकारात्मक का व्यापक परिदृश्य प्रस्तुत करने में सक्षम है। आज विज्ञान की उपलब्धि ही आधुनिकता का परिचय देती है। उसी वैज्ञानिक सोच ने समाज के अधीन एवं समाज में व्याप्त ऐसा वर्ग जो केवल भारत भू-खंड में ही नहीं अपितु सर्वत्र संसार में भी किसी न किसी रूप में देखने को मिलता है।

वर्तमान समय के आधुनिक भारत की नवीन छटा के रूप में किन्नर समुदायों को एक नयी पहचान मिल रही हैं, अपने अस्तित्व की लड़ाई को लड़ने के लिए नयी प्रेरणा मिल

रही है। इस आधुनिक समय की वर्तमान स्थिति में अमुक-अमुक समाज के लोग उनकी मदद के लिए सड़कों पर उतर रहे हैं। आज समाज का बहुत बड़ा वर्ग इनके हक़ की लड़ाई के लिए इन्हें प्रेरित कर रहा है, क्योंकि कहीं न कहीं आज व्यक्ति का मानसिक विकास एवं संवैधानिक रूप से अधिकारों के चयन ने साधारणजन के व्यक्तिवाद को झकझोर कर रख दिया है एवं साथ ही तृतीय लिंग के पहचान के दौर में विकास प्रदान किया है। आज वर्तमान समय में हर तथ्य एवं विषयों पर वैज्ञानिक दृष्टिकोणों का प्रभाव देखने को मिलता है" इस वैज्ञानिक दृष्टि की मौलिकता का प्रभाव इस समाज में व्याप्त इनकी संस्कृति, समाजिक स्थिति एवं भाषायी विषयों की गंभीरता को देखते हुए पड़ा है। आज किन्नर समाज हाशिये का समाज बन कर ही नहीं रह गया है आज वर्तमान समय में वह अपने अस्तित्व की लड़ाई अपने विचारों की स्वतंत्रता सभी को देखते हुए आगे बढ़ रहा है।

आज किन्नर समाज ने अपनी कमर कस ली है, ताकि वह परम्परों की जीवन आंधी में विज्ञान और आधुनिकता का मेल प्रस्तुत कर सके एवं इस सहभागिता के मेल-जोल में उनका साथ दे रहा है, आज का बुद्धिजीवी वर्ग जिसमें समाज का हर वर्ग चाहे बुज़ुर्ग, व्यस्क, युवा स्त्री-पुरुष सभी अपने-अपने सकारात्मक भावों से इस समाज के हर वर्ग को सुचारू रूप से कार्य करने के लिए प्रेरित कर रहा है। आज समाज का एक ऐसा वर्ग जिसकी कोई अस्मिता का बखान नहीं दिया जाता था, जिसकी संस्कृति की कोई पहचान नहीं थी। जो व्यक्ति विकास के सम्मुख होने के बाद भी अकेला कहीं घूम रहा था, जहाँ उन्हें न तो अपनी महत्ता का ज्ञान था एवं न ही अपनी संस्कृति एवं परम्पराओं की शक्ति का"

आज आधुनिक समय की वैज्ञानिक मांगों में जहाँ कई तरह के व्यक्ति शोध संबंधी कार्यों का बड़े रूप से उल्लेख व्यक्ति विकास के लिए कर रहा है। वही आज अस्तिववाद की लड़ाई में किन्नरों ने अपनी आकांक्षाओं को नए पंख दिए है। किन्नर समुदाय के संबंधी पुराणों की कई गतिविधियां देखने में आती है, जिसमें रामायण, महाभारत, गन्धर्व-पुराण इत्यादि जैसे महिषी महाकाव्यों ने साक्ष्य के रूप में उनकी मदद की। इतिहास भी पीछे न रहा उसमें व्याप मुगलों एवं भारतीय शासन काल में किन्नरों, समलिंगियों इत्यादि का अस्तित्व भी देखने को मिलता है। वही जब वर्तमान समय के आधुनिक परिप्रेक्ष्य को देखे तो आज किन्नर समाज के कई महिषियों की गाथा देखने में आती है। जिसमें किन्नर समाज के अंतर्गत अपनी पहचान बनाने के साथ-साथ उन्होंने साधारण जन से स्पर्धा करके समाज में अपना नया मुकाम हासिल किया है। पहली किन्नर जो कोलकाता में विश्विद्यायालय की प्रथम किन्नर प्राचार्या बनी डॉ. मानबी बंदोपाध्याय जी, जिन्होंने समाज के इस अतरंगे व्यवहार से बिना डरे अपने मुकाम को हासिल किया दूसरी शबनम मौसी जिन्होंने विधायक

बन कर भोपाल में किन्नर समाज के नाम को गौरवान्वित किया। सिमरन शैख जो अपनी शिक्षा को एवं परम्परों को महत्व देते हुए आज नैको जैसे संस्थान की बड़े पद पर सामाज सेविका का कार्य कर रही हैं साथ किन्नर समुदाय के कार्यों को एवं अन्य किन्नर बंधुओं को शिक्षा एवं परम्पराओं को महत्व देते हुए आगे बढ़ने का मार्गदर्शन कर रही है। प्रितिका यशिनी (इंस्पेक्टर), बबली (नैको के अंतर्गत काउंसलर), जोयिता मोंडल (न्यायाधीश) इत्यादि सभी किन्नर समुदाय के लोग सामाजिक स्तर की हर परिस्थितिओं से लड़ते एवं जूझते हुए आज समाज में अपना मुकाम बनाने में सक्षम है। किन्नर समुदाय में एक मुख्य नायिका एवं मुख्य नेता का किरदार बड़े ही सुंदर रूप से निभा रही है, साथ ही राष्ट्रीय एवं अंतर्राष्ट्रीय स्तर पर अपना मुकाम बनाने में सक्षम रही। लड़के से लड़की के नैन-नक्श का दौर पार करते हुए, नृत्य एवं शिक्षा का परिहार करते हुए, नाटकों एवं फिल्मों में सक्रीय भूमिका निभाते हुए, साहित्य के क्षेत्र में दिलेरी दिखाते हुए मि. हिज़डा मि. लक्ष्मी जैसी किन्नर समाज एवं किन्नर संबंधी पुस्तकों का सृजन कर साहित्य को गौरवान्वित करते हुए, साथ ही सम्माज में समाज सेविका, किन्नर सेविका, नेको में अपनी एहम भूमिका निभाते हुए अन्तर्राष्ट्रीय मंच पर अपनी आवाज़ को यौनिकता के संबंधी बुलंद करते हुए एवं वर्तमान समय में धर्म के ठेकेदारों के साथ-साथ कंधे से कन्धा मिलाते हुए चल रही किन्नर अखाडा की आचार्य डॉ. लक्ष्मी नारायण त्रिपाठी जी जिनका सम्पूर्ण जीवन अपने किन्नर रूपी अस्तित्व के सही मायने खोजने के पक्ष में सकारात्मक रूप से देखने को मिलता है।

वर्तमान समय में समाज के इतने बड़े गौरवान्वित करने वाली संस्कृति के रक्षक किन्नर समाज जो कभी पहले हाशिये के मापदंडों को नापते नज़र आते थे आज वह अपना मुकाम बनाने की राह में कार्य कर रहे हैं इस कार्य में वह अपनी परम्पराओं एवं संस्कृति को भी साथ लेकर चल रहे हैं। इस प्रविधि की राह में एक और जहाँ किन्नर समुदाय के ठेकेदार अपने महत्व को प्रस्तुत कर रहे हैं वही दूसरी और इन सभी में योगदान के रूप में कही न कहीं आज की बुद्धिजीवी युवा पीढ़ी का भी है, जो बड़े ही सूक्ष्म तरीके से एवं वैज्ञानिक दृष्टिकोण से किन्नर समाज के अस्तित्व उनकी परम्परों एवं सामाजिक रुझानों पर अपनी नजर कस रहा है। किन्नर समुदाय शिक्षण एवं शोध का विषय बन गया है। कहीं इसका अस्तित्व सामाजिक रूपों में देखा जा रहा है तो कहीं परम्पराओं में कहीं इसको शिक्षण तो कहीं राजनीति। कहीं भाषा तो कहीं योनिकता आधारित विषयों की महत्ता निरंतर बढ़ती जा रही है। किन्नर समाज के व्यापक प्रभावों को देखते हुए आज व्यक्ति में मानवता एवं अधिकारों को जो सुचारूपन समाज में समान रूप से देखने को मिल रहा है वह कहीं न कहीं इसकी महत्ता को समझ कर आगे बढ़ रहा है। सामाजिक एवं संस्कृति के साथ-साथ

आज किन्नर समुदाय के द्वारा प्रयोग किये जाने वाली प्रादेशिक प्रधान अपितु लाक्षणिक एवं मिश्रित आधारित भाषा का रूप देखने को मिलता है, आज यह भी एक मुख्य शोध-विषय के रूप में इस समाज के गौरव की प्रधानता का गुणगान करने का भी कारण है। भाषा विज्ञानं एवं साहित्य के क्षेत्र में इसकी महता एवं इसकी वैज्ञानिक अभिरुचि का प्रभाव समाज एवं सहित्य के विकास में अपना योगदान देने में सक्षम है।

किन्नर समाज की भाषा जो की मुख्यत प्रदेश-जनित भाषा है। इसके अंतर्गत लिंग, शब्द, कारक, वाक्य-विन्यास सभी का समान रूप से अन्य भाषा की व्याकरण पद्धति की भांति देखने को नहीं मिलते हैं, परन्तु जब हम वैज्ञानिक दृष्टिकोण से इसका अध्ययन करते हैं तो हमें भाषायी व्यवहार का एक नया ज्ञान सारगर्भित रूप में प्राप्त होता है। किन्नर समुदाय की अस्तित्व की लड़ाई में समाज एवं परम्परों की और समाज इतना उन्मुख था की स्वयं किन्नर समाज के बुद्धिजीवी उसकी भाषा एवं उसके व्यवहार तथा प्रयोग को देखते हुए अन्य भाषाओं में व्याप्त अंतर को नहीं समझ पाए। आज साधारण जन के सम्मुख किन्नर प्रादेशिक भाषा का ही प्रयोग करता है, परन्तु उनकी भाषायी बोध का एक और पहलु है जो की कहीं न कहीं भाषाई प्रयोजन का अन्य मूल्य प्रस्तुत करना भूल जाता है। प्रादेशिक रूप से हट कर किन्नर समुदाय द्वारा प्रयोग की जाने वाली प्रयोजन मूलक भाषा कहीं न कहीं किन्नर समुदाय के भाषाई संज्ञान का नवीन विस्तार को करने में सक्षम है। इस संज्ञान का विस्तार किन्नर समाज को एक नए पहलु एवं नए साहित्यिक बोध से समाज को परिचय कराने में सक्षम है। आज इसी विस्तार एवं ज्ञान का कारण हैं कि किन्नर समाज की भाषा को वैज्ञानिक दृष्टिकोण से परखने की आश्यकता महसूस हो रही है। इसलिए इस भाषायी ज्ञान को नवीन रूप से परखने की आवश्यकता महसूस हो रही है। जब बात की जाती है, भाषा संज्ञान की वहाँ मुख्य रूप से एक बात समाने आती है, वह हैं भाषा में व्याप्त व्याकरण बोध की व्याकरण बोध का संज्ञान ही वाक्य विन्यास, शब्द व्यवहार इत्यादि का सही एवं सार्थक प्रकार प्रस्तुत करता है। इसी कारण किन्नर समुदाय की मिश्रित भाषा पूर्ण रूप से व्याकरणिक दृष्टि से साकार व्यवहारप्रदान कराती नजर नहीं आती है, इस कारण भाषाई मापदंडों में व्याप्त प्रतीकात्मक एव अंतःप्रतीकात्मक आयाम ही एक सही एवं सार्थक भाषायी संज्ञान का बोध करने में सक्षम है।

किन्नरों की भाषा में व्याप्त मौखिक एवं उनके परम्परागत लोक प्रभावी शब्द हैं जिनमें से कई का प्रयोग वो आपसी बातचीत में करते हैं। इन शब्दों की अपनी गरिमा एवं महत्ता है साथ ही अनुवाद के द्वारा इसका अनुदित प्रभावशाली वाक्य विन्यास एवं अर्थ भी हैं किन्नरों की भाषा में जहां रिश्ते नाते शब्दावली का संज्ञान देखने को मिलता

हैं, उसके अलावा वाणिज्य, राजनीति, सांस्कृतिक परक, इत्यादि कई तरह के विषयों से भरपूर शब्दों का संचयन देखने को मिलता हैं। किन्नरों की भाषा में यही वैज्ञानिक दृष्टिकोण LGBTQAI+ जैसे सतरंगी परिवार का समायोजन देखने को मिलता हैं। अनुवाद के प्रतीकात्मक सिद्धांत के मद्देनजर किन्नरों द्वारा प्रयोग किये जाने वाली भाषा को शब्दकोष में प्रवृत करना चाहिए साथ जनसाधारण को उनकी परम्पराओं के प्रति सम्मान जनक भाव रखना आवश्यक हैं।

किन्नरों की भाषा में जहाँ शब्द विन्यास में टेब्बो वर्ड देखने को मिलते हैं, जिसमें प्रांतीय भाषा में फ़ारसी भाषा का प्रयोग कर बनने वाले वाक्य नवीन कलात्मक व्यवहार को प्रस्तुत करता हैं। किन्नरों द्वारा प्रयोग की जाने वाली बोलचाल की भाषा जैसे उदाहरण के रूप में : ला रे गिरिये सुकडी ला (अरे ओ लडके ला बीड़ी ला), ऐ बड़ा भीला पंती है (अरे ये तो बहुत बकवास आदमी है), हम्सी को चिस्से सातरे ठिपाने से अड़ियल जोबन लगता हैं, दुनियादार अड़ियल चिस्स्पन बुडकते हैं (मेरे द्वारा सुंदर वस्त्र पहनने से मेरा वय्कतित्व ओर खिल कर आता हैं एवं सभी मेरे अपने मेरी वाहवाही करते हैं।) हम्सी का जोबन अड़ियल हैं (मेरी व्यक्तित्व प्रभावशाली है।) ऐसे कई वाक्य विन्यास एवं शब्द समाहित हैं, इन पर कार्य करना एवं भाषा विज्ञान एवं अनुवाद के सतत्त एवं सार्थक प्रयास से कार्य करने से अवश्य ही किन्नरों की भाषा संबंधी कई उपविषय भविष्य में सार्थक रूप से जनसमाज एवं किन्नर साहित्य में नवीन साहित्यों के जन्म हेतु आवशयक हैं। इस प्रकार के विषय भाषा विज्ञान एवं अनुवाद अध्ययन दोनों के आयामों को ध्यान में रखते हुए किया गया है। जिनका सीधे संबंध वैज्ञानिक दृष्टिकोण एवं शोध-परक अभिलक्षण का प्रारूप है। किन्नरों के द्वारा प्रस्तुत हाव-भाव एवं बोलचाल की आंगिक एवं वाचिक अभिव्यक्तियों एवं ताली का बोधन भी शोध के कई विषयों के रूप में उभर कर आते हैं। इन अभिव्यक्तियों के अंतर्गत उनके द्वारा प्रयोग की जाने वाली तालिओं की अलग-अलग सूची उनकी महत्ता एवं उनके प्रयोग को प्रतीक रूपों के साथ व्याख्यित कर निर्वचन एवं प्रतीक का एक बहुत ही प्रभावशाली प्रयास किया है। शब्दों का सीमित प्रयोग परन्तु संप्रेषण के अन्य कई माध्यम इन समुदाय की भाषा में देखने को मिलता है। आज वर्तमान समय के प्रायोगिक समय में व्याप्त उनके वैज्ञानिक दृष्टिकोण को कहीं न कहीं भाषाई उत्थान का रूपक मानते हुए पारसी भाषायी रूप में फारसी रूपी व्यक्त इस भाषा सहचरण का महत्व जिसको विकासपथ की महत्ता देने साथ ही उसका विकास करना भी हमारे अनुवादकों एवं भाषाविद्वों के दृष्टिकोणों का आधार होना चाहिए। अन्य भाषा व्यवहारों के साथ इस भाषायी संज्ञान पर भी अपनी दृष्टी डालनी एवं इसकी महत्ता को ओर भी अधिक महत्वपूर्ण बनाना आज हम जनमानस की आवश्यकता है।

भाषायी संज्ञान में व्याप्त सकारात्मक एवं वैज्ञानिक दृष्टिकोण भाषा को कहीं न कहीं महत्व अवश्य प्रदान करेगी। किन्नर समुदाय का यही प्रायोगिक क्षेत्र जो कहीं न कहीं आज वर्तमान समय की दृष्टि से दूर था आज उसकी महत्ता को जान कर उसमें व्याप्त वैज्ञानिक दृष्टिकोणों को समझाने में आज प्रेरणादायक एव महत्वपूर्ण है। भाषाई संज्ञान का ऐसा प्रभाव आज जो भूमंडलीकरण के दौर में वैज्ञानिक दृष्टि के साथ हर तथ्य का निरीक्षण कर रहा है, वही निरीक्षण किन्नर समुदाय की इस प्रादेशिक भाषा का बोध सकारात्मक रूप से साधारण जन के सामने प्रस्तुत करने में सक्षम है। अतएव वैज्ञानिकीकरण के रूप में किन्नर समुदाय की भाषा का प्रभाव स्वयं में साहित्यिक एवं भाषायी उपलब्धि है। आज भारतीय समाज की हर मीमांसाओं से परे यह कार्य जिसमें भाषा व्यवहार के नवीन प्रतीक अभिलक्षणों के द्वारा इस भाषाई सचरण को महत्व देना वैज्ञानिकीकरण एवं आधुनिक भाषायी विन्यास की एक प्रभावशाली उपलब्धि है। यह उपलब्धि सहित्य, समाज, भाषा, अनुवाद, एवं सांस्कृतिक क्षेत्र में एक महत्वपूर्ण कार्य है।

संदर्भ ग्रन्थ

1. तिवारी भोलानाथ (सत्व संस्करण 1989), अनुवाद विज्ञान, दिल्ली: शब्दकार प्रकाशन।
2. सोनटक्के माधव (द्वितीय संस्करण 2004), प्रयोजनमूलक हिंदी, इलाहाबाद : लोकभारती प्रकशन।
3. अय्यर एन.ई. विश्वनाथन (1987), अनुवाद कला, दिल्ली: प्रभात प्रकाशन।
4. मोहन, हरि (तृतीय संस्करण 2014), अनुवाद विज्ञान एवं संप्रेषण, दिल्ली : तक्षशिला प्रकाशन।
5. सिंह, रामआधार (1990), कोश विज्ञान सिद्धांत, दिल्ली: नेशनल पब्लिक हाउस।
6. सिंह, रामगोपाल (1999), अनुवाद विज्ञान स्वरूप और समस्याएँ, अहमदाबाद : पार्श्व पब्लिकेशन।
7. गुप्ता, रमाकांत (2015), अनुवाद के विविध आयाम, मुंबई: रिजर्व बैंक प्रकाशन।
8. शर्मा, राजमणि (2004), अनुवाद विज्ञान, पंचकुला : हरियाणा साहित्य अकादमी।
9. दास, मंजुला (1988), अनुवाद: सिद्धांत और व्यवहार, दिल्लीः प्रयाग प्रकाशन।
10. त्रिपाठी लक्ष्मी नारायण मी हिजड़ा मी लक्ष्मी वाणी प्रकाशन 2016
11. पाण्डेय एसमध्यकालीन भारत के.
12. यमदीप 2017 एक और किन्नर विमर्श मंजीत ठाकुर :।

अध्याय-23

क्षेत्रीय ज्ञान और अनुवाद

लक्ष्मण प्रसाद डेहरिया

अनुवाद

आज विश्व भूमंडलीयकरण और उदारीकरण के दौर से गुजर रहा है। तकनीकी कौशल ज्ञान से विश्व के हर देश करीब आ चुके हैं। कंप्यूटर, स्मार्टफोन के माध्यम से साहित्य, विज्ञान, व्यापार, पर्यटन, इतिहास अनेक क्षेत्रों में आपसी तालमेल बिठाने के लिए भाषायी अनुवाद की बहुत आवश्यकता है। इस संबंध में त्वरित गति से कार्य हो भी रहे हैं।

हम एक भाषा से लक्ष्यित भाषा में बदलाव अनुवाद के सहारे कर सकते है। विश्व के अनुवादकों ने तीन प्रकार के अनुवाद बताए है। भारतीय अनुवादों को ने भी अनुवाद की प्रक्रिया को तीन हिस्सों में बांटा है।

1. भाषा से लक्ष्यित भाषा में तथ्यों और संवेदना से निम्न सात प्रकार है -

1. शब्दार्थ - इस अनुवाद के माध्यम से शब्दों को लक्ष्यित भाषा के अर्थ के साथ अनुवाद किया जाता है तथ्य नहीं बदलते।

2. भावानुवाद - इसमें जिस प्रकार का अनुवाद करना हो लक्ष्यित भाषायी भाषा में भाव मूल्य रूप में ही रहते हैं कोई बदलाव नहीं होता।

3. सारानुवाद - साराअनुवाद के माध्यम से जैसे हम कई- कई घंटे फिल्म देखते हैं। किसी के पूछने पर 15-20 मिनट संक्षिप्त में कहानी बता देते हैं, वह साराअनुवाद कहलाता है।

4. छायानुवाद - जिस प्रकार मनुष्य की छाया या परछाई आगे या पीछे दिखती है। छाया अनुवाद के माध्यम से लगभग लक्ष्यित भाषायी अनुवाद तथ्यों के साथ कर देते है।

5. व्याख्यानुवाद - व्याख्यानुवाद से सूचित होता है कि हम किसी कविता श्लोक आदि की व्याख्या कर रहे हैं। संस्कृत के श्लोक का अर्थ बताते समय हम उसका अर्थ प्रस्तुत करते हैं और साथ में कुछ और तत्व भी जोड़ देते हैं। अर्थात अनुवाद कुछ बड़ा मूल्य अनुवाद से बड़ा हो जाता है।

6. रूपांतरण अनुवाद - नाम से ही स्पष्ट है कि हम इस अनुवाद में जैसे किसी कहानी को नाटक में परिवर्तित करते हैं तो लक्ष्यित भाषायी अर्थ वही रहता है सिर्फ संवाद परिवर्तित हो जाते हैं।

7. आशानुवाद - इसमें किसी भाषा को लक्ष्यित भाषा में अनुवाद करने के लिए मूल तत्वों को शीघ्रता संक्षिप्ता मिलती है।

2. वस्तुपरखानुवाद-

1. साहित्यिक अनुवाद - इसमें साहित्य की भाषा को लक्ष्यित भाषायीय अनुवाद करते समय समरूप अनुवाद तथ्यों के साथ कर सकते हैं।

2. विज्ञान कर्म - इसमें विज्ञान से संबंधित साहित्य खोजो को लक्ष्यित भाषा में बिना बदलाव के अनुवाद किया जाता है। विज्ञान के तथ्य, संवेदना परिवर्तित नहीं होती है।

3. वाणिज्य पर्यटन - विश्व में आज अनेक भाषाएं हैं। उन्हीं की भाषा में व्यापार, नियम, कानून संदर्भ होते हैं। लक्ष्यित भाषा में अनुवाद करते समय तथ्यों नियमों बदलाव का नहीं होता।

4. विधि (कानून) - किसी भाषा में लक्ष्यित लिखित कानून की भाषा के नियम दस्तावेज समस्याएं प्रतिवेदन को लक्ष्यित भाषा में अनुवाद करते समय किसी भी प्रकार का फेरबदल तथ्यों शब्दों में नहीं किया जाता। गहराई से विधि नियमों तथ्यों का ज्ञान होना चाहिए।

5. कार्यालय की भाषा - आज हमारे देश में आठवीं अंकसूची में 22 राजभाषा हैं। एक भाषा से लक्ष्यित भाषा में हमें उसे प्रदेश की भाषा का भी ज्ञान होना चाहिए। अगर केंद्र सरकार पंजाब में कोई पत्राचार कर रही हो तो उसे हिंदी और अंग्रेजी में पत्र भेजना होगा। वह स्थानीय तौर पर पंजाबी में अनुवाद तथ्यों नियमों के समरूप में करना होगा।

6. मशीनीकरण अनुवाद - मशीनीकरण से स्पष्ट है कि मशीनीकरण या कंप्यूटरीकृत भाषा का लक्ष्यित भाषा में अनुवाद तथ्यों पर होता है। इसमें कोई बदलाव नहीं अलग से नहीं होता।

आजकल डबिंग के माध्यम से भी फिल्मों में फिल्मी भाषा का लक्ष्यित भाषा में अनुवाद हो रहा है। इसमें सामने फिल्म के संवादों को तथ्यात्मक भावपूर्वक लक्ष्यित भाषा में बदलाव होता है।

आज के दौर में हम देखते हैं कि विश्व में भाषायीय अनुवाद के माध्यम से विश्व के साहित्य विज्ञान की खोजें, सभी प्रकार के व्यापार, पर्यटन कार्यालीन भाषा में अनुवाद की महती आवश्यकता है। अनुवाद में तथ्य संवेदना और गहराई से अनुवाद करना चाहिए।

अध्याय-24

संस्कृति और साहित्य के आदान -प्रदान में अनुवाद

डॉ. ज्योति गजभिये

साहित्य के व्यापक स्वरूप को समझने के लिए सिर्फ स्वभाषा के साहित्य का अध्ययन पर्याप्त नहीं है। देश -विदेश की विविध भाषाओं में लिखे उत्कृष्ट साहित्य को हम जब तक नहीं पढ़ेंगे, ज्ञान और अनुभव के अद्भुत संसार से वंचित रह जाएंगे। दुनिया में कई भाषाएं बोली जाती हैं सभी भाषाओं को सीखना असंभव है। अन्य भाषाओं के रचनाकारों के साहित्य को समझने के लिए अनुवाद पुल का कार्य करता है, इसी पुल की सहायता से संस्कृति और साहित्य का आदान-प्रदान होता है।

साहित्यिक अनुवाद में मूल भाव,सौन्दर्य तथा विचार सौष्ठव की रक्षा होना आवश्यक है। अनुवादक को जिस भाषा में अनुवाद करना है उस स्थान की सामाजिक एवं सांस्कृतिक जानकारी आवश्यक है, सिर्फ शब्दकोश के सहारे अनुवाद संभव नहीं है। कई बार रूप,रचना और प्रयोग की रूढ़ियों के आधार पर भाषागत शिल्प में थोड़ा अंतर स्वाभाविक है। हर भाषा की अपनी वाक्य संरचना होती है जो भाषा की प्रकृति के अनुकूल होती है। वाक्यविज्ञान के अंतर्गत पदबंध और उपवाक्यों का विशेष होता है अतः यह आवश्यक है कि अनुवाद सिर्फ भाषागत न होकर भावगत भी हो। मूल लेखक की भाषा-शैली को समझने के साथ-साथ यह आवश्यक है वह जिन विचारों को पाठक तक पहुँचाना चाहता है उसका वहन योग्य रीति से हो। अच्छा अनुवाद इस बात का ध्यान रखता है कि साहित्य की अंतरात्मा नष्ट न हो और पाठकों तक सही संदेश पहुंचे।

भारत में आदिकाल में लिखा हुआ साहित्य विभिन्न भाषाओं में है जिन्हें अनुवाद के द्वारा ही समझा जा सकता है। वेद, उपनिषद पुराण संस्कृत भाषा में हैं, बौद्ध साहित्य पाली भाषा में हैं, मुगलकालीन साहित्य अरेबिक भाषा में है इन्हें अनुवाद के द्वारा ही हम समझ सकते हैं। साहित्य से ही संस्कृति जुड़ी हुई है। प्राचीन साहित्य के अध्ययन से हम

तत्कालीन संस्कृति समझ सकते हैं। इसी तरह विदेशी साहित्य का भी अध्ययन अनुवाद के द्वारा कर सकते हैं।

मेगस्थनीज, अल्बरूनी, इबनबतूता, फ़ाहयान ऐसे अनेक विद्वान भारत आए उन्होंने यहाँ के साहित्य को समझा वह यहाँ की भाषा सीख कर संभव हुआ। उनके द्वारा उनकी मातृभाषा में यह साहित्य आया जो भारतीय साहित्य और संस्कृति के प्रचार में सहायक हुआ। इंडिका में मेगस्थनीज ने भारतीय संस्कृति का बखान किया है। फिट्जगेराल्ड द्वारा खैयाम की रुबाइयों का अनुवाद अंग्रेजी में हुआ। जो अंग्रेजी पाठकों के मध्य बहुत लोकप्रिय हुई उन्होंने अपने अनुवाद के बारे में कहा "एक मरे हुए पक्षी के स्थान पर दूसरा जीवित पक्षी अच्छा है, मरे हुए बाज की अपेक्षा जीवित चिड़िया अच्छी है।'

यदि उन्होंने रुबाइयों का शब्दशः अनुवाद किया होता तो वे मरे हुए पक्षी की तरह प्राणहीन होती पर अपनी प्रतिभा की वजह से फिट्जगेराल्ड ने इन रुबाइयों को अपने अनुवाद में प्राणमय कर दिया।

हावर्ड फ्रास्ट के उपन्यास का अमृतराय ने "अतिविद्रोही" के नाम से अनुवाद किया जो प्राचीनतम रोम के इतिहास के कलुषित पन्ने प्रदर्शित करता है जब गुलामों पर क्रूर अत्याचार हुए थे। उन्होंने अनुवाद द्वारा इस भयानक इतिहास को हमारे समक्ष लाया। अमृतराय ने रवीन्द्रनाथ ठाकुर, शेक्सपियर, ब्रेखत, जूलियस फूचिक, आस्तरोवस्की लेखकों की रचनाओं का भी अनुवाद किया। आज अनुवाद के कारण हम चेखव, गोर्की, तुर्गनेव इत्यादि विद्वानों की हम श्रेष्ठ रचनाओं को पढ़ सके हैं और उनके देश की संस्कृति को समझ सकें हैं, इसी तरह भारतीय साहित्य के श्रेष्ठ लेखकों को विश्व की अनेक भाषाओं में पढ़ा जा रहा है। "गुरुग्रंथ साहब" जैसे पवित्र ग्रंथ का अनुवाद जर्मन में हो रहा है। रामचरितमानस, भगवद्गीता का अनुवाद भी कई भारतीय भाषाओं में हुआ है इस तरह से भारत की विशाल संस्कृति लोगों के समक्ष आई।

भूमंडलीकरण के इस दौर में जहां "विश्व एक ग्राम" की संकल्पना चरितार्थ करने का प्रयास किया जा रहा है। इस स्थिति में एक-दूसरे की साहित्य-संस्कृति समझना अतिआवश्यक है जो अनुवाद के द्वारा ही संभव है। उत्कृष्ट अनुवाद सम्पूर्ण विश्व में सद्भाव स्थापित करता है।

आवश्यक है कि कुछ संस्थाएं अनुवाद कार्य के लिए समक्ष आए। भारतीय भाषाओं में अनुवाद का वृहद कार्य "साहित्य अकादमी" द्वारा हुआ है। विदेशी साहित्य का भी प्रचुर रूप से अनुवाद कई अनुवादकों ने किया है इससे निश्चित ही पाठकों का पठन-पाठन का क्षेत्र विस्तृत हुआ है। मुझे लगता है पुस्तकालय में अनूदित साहित्य के लिए एक

विशेष स्थान होना चाहिए। अनुवाद को लेकर कुछ राष्ट्रीय और कुछ अन्तराष्ट्रीय सम्मेलन आयोजित किए जाएं जहां विभिन्न क्षेत्रों के अनुवादक मिलें आपस में परिचर्चा करें। इस तरह वे अनुवाद के क्षेत्र में आई चुनौतियाँ पर भी बात कर सकेंगे।

हिन्दी भाषा के साहित्य का भी अधिकाधिक सशक्तीकरण तब होगा जब यह साहित्य दुनिया के कई हिस्सों में पढ़ा जाएगा। अनुवाद दो भाषाओं, दो समाज और दो संस्कृतियों के मध्य संबंध है, इसका आदान-प्रदान होना आवश्यक है। कोशिश यही होनी चाहिए यह संबंध दिन-प्रतिदिन प्रगाढ़ हो सके।

अध्याय-25

साहित्यिक अनुवाद और सांस्कृतिक वृद्धि

रमादेवी

साहित्यिक अनुवाद एक ऐसी प्रक्रिया है जिसमें एक भाषा से दूसरी भाषा में साहित्यिक कृतियों का अनुवाद किया जाता है। जिससे विभिन्न संस्कृतियों के बीच संवाद और समझ बढ़ती है। यह प्रक्रिया न केवल साहित्यिक कृतियों को नए दर्शकों तक पहुंचाती है, बल्कि साहित्यिक वृद्धि और आदान-प्रदान को भी बढ़ावा देती है।

1. साहित्यिक अनुवाद का कई महत्व हैं

(1) सांस्कृतिक आदान-प्रदान :- साहित्यिक अनुवाद विभिन्न संस्कृतियों के बीच आदान-प्रदान को बढ़ावा देता है, जिससे लोगों का अन्य संस्कृतियों की समझ और सराहना करने का अवसर मिलता है।

उदाहरण :

1. भारतीय साहित्य का अनुवाद अन्य भाषाओं में किया गया है जिससे लोगों को भारतीय संस्कृति और जीवनशैली के बारे में जानने का अवसर मिलता है। जैसे - रवींद्रनाथ टैगोर की कृतियों का अनुवाद। केरल साहित्य के एषुत्तच्छन का 'रामायण', ओ. एन.वी. कुरुप्प की 'अक्षरम' 'उज्जयिनी', पवित्रन तीक्कुनी की 'घर की ओर का रास्ता' आदि भारत के अन्यभाषाओं में अनुवाद किया गया है।

2. जापानी साहित्य का अनुवाद अन्य भाषाओं में किया गया है जिससे लोगों को जापानी संस्कृति और जीवन शैली के बारे में जानने का अवसर मिला है। उदाहरण जापानी लेखक हारुकी मुराकामी की कृतियों का अनुवाद अन्य भाषाओं में किया गया है।

3. फिल्मों का अनुवाद अन्य भाषाओं में किया जाता है जिससे लोगों को अन्य संस्कृति की फिल्मों का आनन्द लेने का अवसर मिलता है। कई बॉलीवुड फिल्मों का अनुवाद अन्य भाषाओं में किया जाता है।

4. संगीत का अनुवाद अन्य भाषाओं में किया जाता है, जिससे लोगों को अन्य संस्कृतियों के संगीत का आनंद लेने का अवसर मिलता है। जैसे भारतीय शास्त्रीय संगीत का अनुवाद अन्य भाषाओं में किया जाता है।

2. साहित्यिक विविधता -

साहित्यिक अनुवाद साहित्यिक विविधता को बढ़ावा देता है, जिससे पाठकों को विभिन्न भाषाओं और संस्कृतियों के साहित्य का आनंद लेने का अवसर मिलता है।

जैसे- केरल चैप्टर के संतोषकुमार आट्टूर की 'कुञ्जिरामायणम' भारत के अन्य भाषाओं में अनुवाद किया गया है, जिससे उनकी रचना व्यापक दर्शकों तक पहुँच सकी।

3. भाषाई विकास -

साहित्यिक अनुवाद भाषाई विकास को बढ़ावा देता है जिससे अनुवाचकों को नई भाषाओं और शब्दावली का ज्ञान प्राप्त होता है। भाषा विशेषज्ञों को भाषण की जटिलता को बेहतर ढंग से समझने में मदद करते हैं। मौखिक और लिखित संचार को मजबूत बनता है जिससे व्यावहारिक शिक्षण अनुभव प्राप्त होता है।

4. अनुवाद सार्वभौमिक

संस्कृति को बढ़ावा देता है, जिस से संचार बेहतर होता है।

5. संस्कृति अभिव्यक्ति का माध्यम -

भाषा और साहित्य संस्कृति की अभिव्यक्ति के प्रमुख माध्यम है, और अनुवाद इन दोनों का दुनिया के साथ समझा करने में एक महत्वपूर्ण माध्यम का काम करता है।

II. सांस्कृतिक वृद्धि में सहायक अनुवाद की भूमिका

(1) साहित्यिक अनुवाद लोगों का अन्य संस्कृतियों की समझ और सराहना करने में मदद करता है।

(2) साहित्यिक अनुवाद वैश्विक नागरिकता को बढ़ावा देता है, जिससे लोगों की वैश्विक मुद्दों और चुनौतियों के बारे में जागरूक किया जा सकता है।

(3) विभिन्न सांस्कृतियों के बीच आदान-प्रदान को बढ़ावा देता है जिससे सांस्कृतिक वृद्धि होती है। जैसे: केरल की ओणम त्योहार की कहानी और महत्व को अनुवाद के माध्यम से प्रस्तुत किया गया है, जिससे अन्य संस्कृतियों के लोग इस त्यौहार के बारे में जान सकें और इसका आनंद ले सकें।

निकर्ष : साहित्यिक अनुवाद एक महत्वपूर्ण प्रक्रिया है जो सांस्कृतिक वृद्धि और आदान-प्रदान को बढ़ावा देती है। यह प्रक्रिया न केवल साहित्यिक कृतियों को नए दर्शकों तक पहुंचाती है, बल्कि लोगों को अन्य संस्कृतियों की समझ और सराहना करने में भी मदद करती है। जिसमें लेखक की भाषाओं, शैली और मूल पाठ की समग्र भावना को बनाए रखने का प्रयास किया जाता है। इसमें कविता, नाटक, उपन्यास जैसे विभिन्न प्रकार के साहित्य ग्रन्थों का अनुवाद शामिल है। साहित्यिक अनुवाद केवल शब्दों का अनुवाद नहीं है, बल्कि लेखक के सांस्कृतिक और भावनात्मक संदेश को लक्ष्य भाषा में भी पहुंचाना है। इसलिए साहित्यिक अनुवाद को बढ़ावा देना और इसका समर्थन करना आवश्यक है।

अध्याय-26

Bridging linguistic & cultural divides

Dr. Saurabh Deva & Prof Yuvraj Singh

Abstract

Translation, as an act of bridging linguistic and cultural divides, is fundamentally critical in a multilingual society. This paper examines the central role of translation in such complex environments, exploring both its immense prospects for social cohesion, economic growth, and cultural enrichment, as well as the inherent linguistic, cultural, and technological challenges it faces. It argues that while the dynamism of multilingualism provides fertile ground for translation to flourish, the sheer diversity and the rise of advanced technology necessitate a strategic, skilled, and culturally sensitive approach to ensure accuracy, equity, and the preservation of distinct linguistic identities.

Key Words:- Translation, Opportunity, Challenges, Multilingual

Introduction

The word "translation" originates from the Latin word translatio, meaning "a bringing across" or "a carrying over". It comes from trans ("across") and the verb ferre ("to carry"), with latus being its past participle. This etymology reflects the core concept of translation:

transferring meaning or text from one language to another, or even from one form to another.[1]

We can also express its Etymological breakdown in this way also -

Trans- : A Latin prefix meaning "across".

Latus : The past participle of ferre, meaning "to carry" or "to bring".

This etymological explanation express that Translation is the process of converting the meaning of a written message (text) from one language to another. Translators must strike a fine balance between staying true to the original meaning and making a text sound natural in the target language-to ensure that the final text communicates the same message, feeling, and tone as the original.[2] Translation serves as a bridge between languages, cultures, and communities. In a multilingual society like India-where over 22 scheduled languages and hundreds of regional dialects coexist-translation plays a crucial role in maintaining communication, cultural exchange, and national integration. However, this diversity also presents significant challenges in ensuring accuracy, cultural sensitivity, and linguistic inclusivity.

Opportunities in Translation

The existence of numerous languages presents extraordinary opportunities for translation to act as a powerful catalyst for progress. This seems absolutely correct in a country like India because many languages have existed here and will continue to exist for ages, meaning to say, there is a spanking scope for this type of translation in India. We can show these opportunities and prospects through following points-

1. Bridging Linguistic Gaps:

Translation bridges the communication gaps between people

---

1. https://www.google.com/search?q=etymology+of+Translation&oq=etymology+of+Translation+&gs_lcrp

2. https://phrase.com/blog/posts/translation/

speaking different mother tongues and dozens of recognized languages in India, allowing for smooth and effective communication. As a result of this, today various local cultural elements started being celebrated all over India, such as different festivals, customs, food, attires etc.

2. Cultural Exchange and Preservation:

Translation helps in sharing literary works, folk traditions, and philosophies across linguistic boundaries. For example, translating classical works like the Ramayana or Thirukkural enables people from different linguistic backgrounds to appreciate India's cultural richness. Translation helps individuals and communities understand each other's customs, food, festivals, and social rules, fostering mutual awareness and appreciation for different regional communities.

3. Dissemination of Knowledge and Education

Translation is crucial for dissemination of Knowledge and Education since the ancient period. Translation allows educational materials, research works, and government documents to be accessible in regional languages, promoting literacy and inclusivity. In the field of higher education translation of foreign books in Hindi is very useful for Indian students.

4. National Unity and Cohesion:

By enabling communication and connection, translation helps to unite people across the country, ensuring everyone has a voice and can participate in the national narrative. So Translation is crucial for national integration. By enabling the exchange of literature, art, and ideas between different regional languages, it fosters a shared national consciousness while celebrating diversity. By translating texts between Hindi, English, and regional languages, translation fosters mutual understanding and unity among diverse cultural and linguistic groups.

Translation helps break down communication barriers, allowing people from different cultures and backgrounds to connect and understand one another better, which is essential for national unity.[3]

5. Global Recognition of Indian Literature:

Through translation into English and other foreign languages, Indian authors such as Premchand, Tagore, Mahasweta Devi, Chetan Bhagat have reached international audiences.

6. Career Opportunities:

The growing media and publishing industries have created vast employment opportunities. Translators and interpreters are in heavy demand in the era of globalization all over the world, specially in export import industries and media.

7. In Entertainment and Tourism:

Now the entertainment is not confined within the realm of our community and culture, we all enjoy cinema, novels etc. of other cultures just because of profession of translation. All platforms for entertainments like cinema, television, OTT etc. need translators and subtitlers. Apart from this, in travel and tourism industry interpreters are also recruited on high remuneration.

Challenges in Translation

There are many challenges associated with translation. The complexity is obvious in multilingual societies, because of this, problem of ambiguity and senselessness occurs which effects the accuracy and efficacy of the translation process. We can expose these challenges or shortcomings by the following points.

1. Literal Translation – Literal meanings can sometimes be

3. https://numerous.ai/blog/what-is-the-purpose-of-translation

misunderstood when taken out of context, leading to confusion or misinterpretation[4]. Literal translation means word-for-word translation. As we know that every language has some unique words and expressions, if the translation is done in a literal format, then it might have ambiguity.

According to Venuti[5] literally translation causes loss of cultural nuances. So, it is best to avoid literal translation when you are working with a complex language.

2. Linguistic Diversity and Complexity:

India's languages belong to different families (Indo-Aryan, Dravidian, Tibeto-Burman, etc.), making word-to-word translation inadequate due to structural and semantic differences.

3. Lack of Equivalence:

There are many words in every language, especially those for abstract concepts, unique flora/fauna, or legal/political terminology, may not have a direct, single-word match in the target language. So some times it is difficult to do understandable translation because of this reason.

4. Cultural Praxis

Translating idioms, customs, and cultural references often leads to loss of meaning or distortion. For example, local expressions rooted in cultural context may not have equivalents in other languages.

5. Political and Ideological Bias:

Translation in government or media can become politically sensitive, influencing perception or identity. It is useful in India also as

4. https://fiveable.me/key-terms/english-prose-style/literal-meaning

5. Venuti, L. (1995). The Translator's Invisibility : A History of Translation. Routledge.

many people lives in non Hindi spiking areas so Translation in Hindi or English is very useful in the political field.

6. Lack of Standardized Terminology:

Especially in technical, legal, and scientific fields, the absence of standardized vocabulary across Indian languages poses a major challenge. Because of this translation job becomes very difficult.

7. Machine Translation Limitations:

Although tools like Google Translate and many other have improved, they often fail to grasp Indian linguistic nuances and cultural expressions accurately. Because of this the translation often becomes very funny.

Indian Scenario and Policy Context

- The Constitution of India recognizes multilingualism as a strength, listing 22 official languages. Institutions like the National Translation Mission (NTM) work to promote translation of knowledge texts into Indian languages. The National Translation Mission (NTM) is a Government of India initiative launched in 2008 to translate knowledge texts into all 22 officially recognized Indian languages, making them accessible to a wider population. NTM has a vision to create a knowledge society by overcoming language barriers and establishing translation as a key industry in India. The "Central Institute of Indian Languages" (CIIL) is the nodal organization for the mission. The primary goal of this mission is to establish translation as a viable industry in India and create an inclusive knowledge society by breaking down language barriers, particularly for higher education and general knowledge.[6] The mission achieves this by encouraging publishers,

6. https://www.ntm.org.in/languages/english

developing translation tools, and training translators. Yet, disparities in translation quality, training, and funding persist.

Conclusion

Translation in a multilingual society is a field of tremendous significance, serving as the essential infrastructure for national unity, economic development, and cultural exchange. Its prospects are bound up in its ability to facilitate communication across vast linguistic and cultural landscapes.

Translation in a multilingual society like India is both a necessity and a challenge. It opens avenues for cultural dialogue, education, and integration but demands linguistic expertise, cultural sensitivity, and institutional support. With continued investment in translation studies, technology, and policy frameworks, India can turn its linguistic diversity into a powerful instrument of unity and global cultural exchange.

No doubt India is beset by challenges ranging from linguistic untranslatability and a scarcity of specialized cultural expertise to the complex integration of emerging technologies. To effectively tackle these challenges and obstacles, it is crucial to make ongoing investments in the skills of human translators. This means facilitating continuous education and training, ensuring that translators are well-equipped to navigate the nuances of different languages and cultures. By prioritizing these aspects, India can not only enhance its translation capabilities but also leverage its linguistic diversity to create a more cohesive and culturally rich society. The journey towards achieving this vision will require commitment, collaboration, and a deep appreciation for the vital role that translation plays in shaping a harmonious, interconnected world. Ultimately, the success of a multilingual society in the modern world is fundamentally dependent on the quality and reach of its translation efforts.

Reference

- Baker, M. (1992). In Other Words: A course book on Translation. Routledge
- Bassnett, S. (2014). Translation and Cultural Difference (4th ed.) Routledge
- Colina, S. (2014). Fundamentals of Translation. Cambridge University Press.
- Das, S. (2015). A Handbook of Translation Studies. Atlantic Publishers and Distributos.
- Venuti, L. (1995). The Translator's Invisibility : A History of Translation. Routledge.
- https://www.google.com/h?q=etymology+of+Translation&oq=etymology+of+Translation+&gs_lcrp
- https://phrase.com/blog/posts/translation/
- https://numerous.ai/blog/what-is-the-purpose-of-translation
- https://fiveable.me/key-terms/english-prose-style/literal-meaning
- https://www.ntm.org.in/languages/english

अध्याय-27

Translation of Thirukkural in other Languages

Dr.D.SASIKALA

Introduction

The Thirukkural, composed by the poet Thiruvalluvar, is considered a seminal work of ancient Tamil literature renowned for its universal wisdom and brevity. Written in the form of 1,330 couplets, it addresses the themes of virtue, wealth, and love, offering timeless guidance on ethical living, governance, family, and societal relationships. Its unique blend of philosophical insight and practical advice has established the Thirukkural as one of the world's most translated classical texts, holding a special place as a guiding force for both individual conduct and social harmony.

Regarded as a foundation of the Tamil literary tradition, the Thirukkural occupies an esteemed status not only for its literary excellence but also for its inclusive, secular outlook, making it relevant to readers of diverse backgrounds and beliefs. Because of its universal themes and aphoristic style, the Thirukkural encourages reflection on moral values, cultural identity, and the shared human experience, thus continuing to inspire, educate, and unite readers across generations and geographies.

Thirukkural's Universal Appeal Thirukkural's universal appeal lies in the relevance of its wisdom across cultures, eras, and belief systems. The text's 1,330 aphoristic couplets capture fundamental ethical precepts, principles of just governance, human relationships, and personal conduct without anchoring them to any particular religion or doctrine. This secular and inclusive outlook has allowed readers around the world to find resonance with its teachings, whether viewed from spiritual, philosophical, or pragmatic standpoints.

The universality comes from Thiruvalluvar's concise yet profound language and his ability to articulate values such as compassion, truth, tolerance, and humility, which transcend geographic, cultural, and temporal boundaries. The Thirukkural's adaptability has ensured its integration into global discourses on morality and human rights, earning recognition as a classic not only of Tamil literature but of world literature, and fostering enduring intercultural and intergenerational engagement.

History of Thirukkural Translation

The history of Thirukkural translation dates back to the colonial era, with the earliest known English translations appearing in the 19th century. Notably, G.U. Pope's translation, published in 1886, is credited with first bringing Thirukkural to global attention by rendering its concise Tamil couplets into lucid, poetic English. Since then, the text has been translated into more than 80 languages, including French, German, Arabic, Hindi, Russian, Japanese, and Polish, reflecting its wide appeal and literary stature.

Translators were often motivated by a desire to share the Thirukkural's profound ethical and philosophical messages with non-Tamil audiences and to foster intercultural dialogue. Commentaries such as those by Parimelazhagar in Tamil and numerous explanatory renditions in other languages have made the text more accessible while illuminating subtle contextual meanings. Each new translation and commentary reflects both the original's richness and the translator's cultural context, ensuring that the Thirukkural remains a living text, adaptable to new generations and societies.

Literary Dissemination and Appreciation

Thirukkural translation has played a pivotal role in the global literary dissemination and appreciation of Tamil ethical thought and literary artistry. By rendering the original Tamil couplets into a multitude of world languages, translators have enabled readers from varied linguistic and cultural backgrounds to engage deeply with Thiruvalluvar's ideas. The poetic structure, brevity, and universality of the Thirukkural have been lauded by renowned poets, philosophers, and scholars, placing it in the global literary canon alongside texts like the Analects of Confucius and the Meditations of Marcus Aurelius.

Through translated versions, the Thirukkural has not only reached global audiences but has also inspired comparative literature studies, creative reinterpretations, and scholarly debates on ethics, governance, and human values. Consequently, it stands as a testament to the enduring power of succinct, universal wisdom, contributing richly to world literature and intercultural harmony.

Ethical Dialogue and Comparative Studies

Thirukkural translations have greatly facilitated ethical dialogue and comparative studies across civilizations, faiths, and scholarly traditions. The Kural's foundational values righteousness, non-violence, integrity, and compassion are expressed in a secular mode that invites meaningful comparison with philosophical and religious teachings from a diverse array of cultures, including Buddhism, Christianity, Confucianism, and Stoicism.

Through translations, academics and ethicists analyze similarities and distinctions between Thiruvalluvar's teachings and those of other major thinkers, illuminating both the universalities and localities of human moral thought. These comparative engagements not only enrich philosophical discourse but also promote interfaith understanding, intercultural respect, and a broader appreciation for shared values in a pluralistic world.

Language Pedagogy and Curriculum Integration

Thirukkural translation has grown into a meaningful asset for language pedagogy and the integration of values based content in educational curricula worldwide. Tamil schools, colleges, and universities in India and countries with Tamil-speaking Diaspora (such as Sri Lanka, Malaysia, and Singapore) integrate Thirukkural into language and moral instruction, using translations to reach students of varied linguistic backgrounds. By providing clear, concise examples of ethical reasoning and universal values, translated couplets foster high order thinking, creative reasoning, ethical decision making, and cross cultural understanding, thus enriching both language proficiency and character education.

The adaptability of Thirukkural's content has also made it a resource within global citizenship and comparative religion courses, positioning it as an intercultural touchstone in diverse academic settings. Modern curriculum frameworks increasingly emphasize the potential of classical texts like Thirukkural for cultivating analytical thinking, ethical reflection, and linguistic versatility demonstrating the enduring practical impact of its translation on contemporary educational practice.

Challenges of Translating Thirukkural

Translating the Thirukkural presents significant challenges due to the text's highly condensed style, intricate layers of meaning, and rich cultural context. Each couplet's brevity requires translators to make careful choices about word selection, sentence structure, and poetic rhythm, often leading to a tension between literal fidelity and conveying the intended spirit or nuance.

A major challenge lies in rendering figurative language, puns, and culture specific references in a way that is both accurate and resonant for audiences in other languages. Furthermore, linguistic differences such as grammatical structures, available vocabulary, and cultural presuppositions can make it difficult to preserve the original's poetic economy and moral depth. As a result, translation efforts often face criticism either for being overly literal (resulting in awkward phrasing) or too interpretative (risking the loss of the text's core message). The best translations emerge from a deep understanding of both Tamil language and culture, along with sensitivity to the target audience's expectations and values.

Functional Linguistics in Translation

Systemic Functional Linguistics (SFL) provides a powerful framework for analyzing and guiding the translation of Thirukkural, focusing on three main metafunctions: ideational (content), interpersonal (social interaction), and textual (flow and structure). Using SFL, translators examine how each couplet constructs meaning and social relationships, enabling more nuanced renderings that respect both the poetic style and the pragmatic function of the original text.

Research indicates that an SFL approach reveals subtle shifts in meaning when translating, particularly regarding cultural values, implied social roles, and rhetorical strategies. By systematically attending to these met functions, translators are better equipped to preserve the density, elegance, and ethical nuances of Thiruvalluvar's work fostering translations that serve not only as linguistic equivalents but also as culturally resonant literary works in their own right.

Case Studies: Translation in Practice

Case studies of Thirukkural translation highlight both the challenges and achievements of rendering its ethical wisdom across languages and cultures. Comparative analyses among English, Arabic, and Hindi translations, for example, reveal how translators navigate differences in linguistic structure, metaphorical content, and cultural worldview while striving to preserve the distilled simplicity and profundity of the original.

Scholars have specifically examined paraphrases and interpretive translations, like those by Thavathiru Kundrakudi Adigalar, to evaluate how the essence and practical value of Thirukkural are communicated without distortion or loss of meaning. These studies underscore that successful translations are marked by a sensitive balance maintaining fidelity to both the literal content and the spirit of Thiruvalluvar's vision. In some cases, contextual footnotes, commentary, or poetic adaptation become essential tools to bridge gaps between source and target cultures, ensuring accessibility for a global readership.

Ultimately, such case studies demonstrate that effective Thirukkural translation is not merely a technical linguistic task but an act of cultural interpretation, creative adaptation, and ethical stewardship, keeping the Kural's message alive in new languages and contexts.

Technological Innovations

Technological innovations have greatly expanded the reach and accessibility of Thirukkural translations in recent years. Digital platforms, e-books, and online databases now offer multilingual versions of the Thirukkural to a global audience, often accompanied by search tools, commentaries, and audio-visual resources for enhanced learning and engagement.

Cutting-edge research has introduced automated delivery systems and AI-powered translation tools, making it possible to disseminate Thirukkural content inclusively even to visually impaired users, through text to speech and Braille enabled formats. These technological advances not only preserve and distribute classical knowledge but also foster new avenues for linguistic analysis, sentiment study, and comparative interpretation, enabling the Kural's wisdom to permeate education, research, and cultural life worldwide.

Societal Impact

Thirukkural translations have generated substantial societal impact by serving as conduits for ethical reflection, cultural preservation, and social reform in diverse communities. In Tamil diaspora regions and multilingual societies, translated Kural verses promote a shared sense of identity, foster intergenerational dialogue, and enable younger generations to engage with their literary heritage in accessible ways.

Beyond cultural preservation, Thirukkural's accessible wisdom has become a tool for civic education and human rights advocacy, its universal values regularly invoked in legislative debates, community development, and policy-making. As the Kural's message of dignity, compassion, and justice reaches wider audiences through translation, it not only bridges cultural divides but also energizes movements for social harmony and ethical citizenship worldwide.

Interdisciplinary Approaches

Thirukkural translations have facilitated wide-ranging interdisciplinary approaches, allowing the text to influence and inform fields beyond literature, such as philosophy, religious studies, law, social sciences, and environmental studies. Scholars use the translated Kural to interrogate concepts like cultural ecology, theological principles, and civic responsibility, demonstrating the text's adaptability for contemporary research and teaching.

Through comparative analysis and interpretation, Thirukkural's translated wisdom enriches discussions on pluralism, public policy, and sustainable development, reinforcing its status as a living resource for global scholarship and practical solutions in a rapidly changing world.

Future research directions in translation and language studies

The future of Thirukkural translation offers exciting prospects for broader impact and continued scholarly engagement. Advancements in artificial intelligence and digital humanities promise even more accurate, accessible, and nuanced translations, enabling the Kural's ethical teachings to reach new audiences and platforms. Collaborations between linguists, ethicists, and technologists are likely to generate resources such as annotated, multimedia-rich editions and interactive apps that support language learning and intercultural understanding.

It is recommended that future projects prioritize cross cultural dialogue by involving diverse translators and scholars, ensuring that each translation remains sensitive both to the original's intent and the target audience's cultural framework. Pedagogical initiatives can leverage these new tools to integrate the Kural into global curricula, fostering critical thinking and citizenship values for students worldwide. Ultimately, investing in open-access resources, cross linguistic research, and community-based projects will help establish Thirukkural as a living, evolving text an enduring source of wisdom for future generations.

Future research directions in translation and language studies are shaped by advances in technology, changing societal needs, and a growing emphasis on diversity and interdisciplinary. Scholars are expected to focus on several emerging areas, including:

- The integration of artificial intelligence and machine learning in producing contextually accurate, culturally sensitive, and stylistically faithful translations, as well as their implications for both automatic and human translation processes.
- Research into ethics, bias, and equity in translation particularly how algorithms and large language models interact with underrepresented languages, dialects, and minority cultures, ensuring access and representation.
- Development of interactive, multimedia, and augmented reality tools for language learning, translation training, and cross cultural communication, emphasizing learner-centered and adaptive methodologies.
- Studies on discourse, pragmatics, and genre adaptation in translation, including how works like the Thirukkural can be functionally rendered for specific fields such as law, medicine, or digital humanities.
- Exploration of collaborative and community translation models, leveraging global networks and social computing to crowd source, review, and refine translations for both major and endangered languages.
- Investigation of the pedagogical impact of classical texts in translation such as the Thirukkural on developing critical thinking,

ethical reasoning, and intercultural literacy in various educational settings.

Continued interdisciplinary collaboration between technologists, linguists, educators, and cultural studies experts will be vital for advancing translation studies in a rapidly evolving multilingual world.

Conclusion

Thirukkural translation stands as a testament to the enduring universality and relevance of Thiruvalluvar's vision, fostering ethical reflection, cultural dialogue, and scholarly innovation across the world. By bridging linguistic and cultural divides, translations have enabled the Kural's wisdom to reach and inspire people from diverse backgrounds and generations, affirming its power as a living source for moral guidance, civic responsibility, and literary appreciation.

The ongoing evolution of translation practices supported by technological advancements and interdisciplinary collaboration signals an expansive future for Thirukkural in education, public discourse, and research. As new tools and approaches emerge, the Kural's message will continue to illuminate paths toward social harmony, cultural understanding, and individual growth for communities worldwide.

Reference:

1. The Sacred Kurral or The Tamil Veda of Tiruvalluva Nayanar, 2000 - G.U. Pope
2. Tamil Wisdom: Traditions Concerning Hindu Sages and Selections,1873- E.J. Robinson,
3. Kural: The Great Book of Tiru-Valluvar, 1987 - P.S. Sundaram
4. Assessment of Thirukkural Translation - A Functional Approach 2019 - Manimaran P

अध्याय-28

Bridging Worlds: The Translation of Rabindranath Tagore's Works into English

T. Samivel

Introduction

Rabindranath Tagore holds a foundational place in both Bengali and Indian English literature, becoming the first non-European Nobel Laureate in Literature introducing the spiritual, philosophical, and aesthetic dimensions of Indian thought to a worldwide audience. Although Tagore wrote primarily in Bengali, he self translated many of his works into English most notably "Gitanjali" with the express aim of sharing the spirit of Indian poetry, rather than simply its literal meaning, with the West. This process of translation involved careful negotiation between tradition and modernity, intimacy and universality, as Tagore adapted both his poetic style and philosophies for an international readership.

The translation of Tagore's works into English has profoundly shaped global perceptions of Indian literature, serving as the foundation for later Indian English writers and creating a distinct voice that bridges East and West, nationalism and universalism. At the same time, it has sparked complex debates regarding fidelity, cultural representation, and the creative liberties taken in self-translation, themes that remain central to both postcolonial literary studies and translation theory.

Historical Context and Tagore's Bilingualism

Rabindranath Tagore's career unfolded in the late 19th and early 20th centuries, a time marked by the complexities of British colonial rule in India. Tagore himself was deeply bilingual, fluent in both Bengali and English, and he developed the unusual practice of self translating many of his major works. This bilingualism was not just a linguistic asset; it was also a creative strategy that allowed Tagore to mediate between Eastern and Western audiences at a pivotal historical moment.

Tagore's English translations appeared at a time when the West was hungry for 'Oriental wisdom,' but literary and cultural exchanges were often skewed by colonial power dynamics. Tagore consciously manipulated both "domesticating" and "foreignizing" strategies: he made his work comprehensible and appealing to Western readers by adapting idiom, imagery, and style, yet he also sought to preserve the distinctiveness of Indian culture and philosophy. In works like "Gitanjali" and "The Home and the World," Tagore's bilingual practice not only extended his reach but also created hybrid texts, reflecting his own negotiation of identity, nationalism, and cosmopolitanism amid the pressures and possibilities of empire.

Thus, Tagore's translations should be understood as more than straightforward linguistic exercises they embody a dynamic, dialogic process shaped by colonial history, the desire for cross cultural representation, and Tagore's unique literary genius.

Tagore's Major English Translations

Rabindranath Tagore's major English translations, many of which he rendered himself, include a range of poetry, novels, plays, and essays that achieved global acclaim and defined the early canon of Indian English literature.

Gitanjali (1912,Song Offerings) is Rabindranath Tagore's own English translation of selected poems from his larger Bengali collection, celebrated for introducing mystical Indian poetry to the Western world. This translation was instrumental in Tagore being awarded the Nobel Prize for Literature in 1913, making him the first non European laureate and instantly elevating his global profile.

The collection consists of 103 poems that blend devotion, nature, spirituality, and a celebration of humanity, resonating deeply with both Indian and international audiences. Tagore's intensely lyrical, prayerful tone and the rendering of metaphysical experience connected with the Western fascination for the "spiritual East" at the time, but his translation also reflected a conscious adaptation emphasizing universal human emotions and philosophical reflection over local or cultural specifics. As a result, Gitanjali remains both a milestone of Indian literature in English and a landmark in world poetry.

- Gitanjali (1912, Song Offerings): Tagore's own translation of his Bengali verse collection, which won the Nobel Prize for Literature and introduced mystical Indian poetry to the West.
- The Gardener (1913): Another poetic collection emphasizing romantic and philosophical themes.
- Fruit-Gathering (1916): A volume of poems exploring spiritual and universal motifs.
- The Crescent Moon (1913): Poems focused on childhood, innocence, and wonder.
- Sādhanā: The Realization of Life (1913): Philosophical essays expressing Tagore's vision of life and spirituality.
- The Home and the World (Ghare Baire, 1916, English 1919): Tagore's acclaimed nationalist novel exploring political and personal

upheaval in colonial Bengal.

- Gora (1910, English translation 1924): A novel about identity, caste, and nationhood.
- Red Oleanders (Raktakarabi, 1925): An English version of Tagore's symbolist play, reflecting his modernist and allegorical style.
- Short stories (Hungry Stones, Kabuliwala, and others), translated variously by Tagore and other prominent writers.

These translations combine literal rendering, creative adaptation, and philosophical re-interpretation, aiming to make Indian aesthetics and life-worlds intelligible yet alluringly distinct to English speaking audiences. Tagore's projects thus highlight both the promise and the complexity of cross cultural literary exchanges.

Theories of Translation: Domestication vs. Foreignization

Theories of translation have evolved to address the core dilemma of whether to make a translated text feel "natural" in the target language/culture (domestication) or to deliberately retain foreign features that signal its origins (foreignization). Lawrence Venuti describes domestication as a strategy that reduces the "foreignness" of the original text, adapting idioms, cultural references, and style so target readers feel at home. In contrast, foreignization intentionally preserves alien elements names, metaphors, concepts making the target reader aware of the translation's source culture, often at the expense of immediate comprehensibility.

Both approaches have strengths and limitations; translators often use a mixture, depending on genre, audience, and aims. Domestication prioritizes accessibility and emotional resonance, while foreignization values authenticity and cross-cultural education. When Tagore translated his own works, he skillfully balanced these tendencies sometimes adopting English poetic conventions and Biblical cadences (domestication), while still maintaining Indian spirituality and idiom (foreignization), positioning his translated texts as both invitations and challenges to the global reader.

Socio-cultural Dimensions and Challenges

Translating Rabindranath Tagore's works into English presented profound socio-cultural challenges rooted in differences between Indian and Western literary traditions, philosophies, and social contexts. Tagore's poetry and prose are deeply embedded in Indian cultural idioms, religious sensibilities, and social realities; rendering these effectively in English often meant navigating untranslatable metaphors, indigenous rhythms, and nuanced customs.

One major challenge was maintaining the philosophical and spiritual essence that is central to Tagore's writing, while ensuring readability and poetic resonance for a global audience. Tagore employed adaptation and selective omission, sometimes reshaping imagery or omitting culture-specific references that might alienate

Western readers. However, this balancing act risked loss of cultural richness, complexity, or ambiguity, and sometimes led to criticism that Tagore's English versions were simplifications or "transcriptions" rather than true translations.

Additionally, ideological dynamics colonial asymmetries, Western expectations of "exotic" India, and Tagore's reformist agenda shaped both the translation process and the global reception of his work. As a result, Tagore's English translations actively construct both "Indian" and "universal" literary spaces, revealing the intricate interplay of language, power, and identity in world literature.

Reception and Influence

The reception of Rabindranath Tagore's English translations, particularly Gitanjali, was extraordinary resulting in his 1913 Nobel Prize in Literature and making him an international literary icon. Western audiences and critics praised the spiritual, lyrical qualities of his work, often interpreting Tagore as a mystical voice from the East and embracing his texts as bridges between cultures. These translations led to widespread publication, lectures, and engagements in Europe and America, fundamentally shaping Western conceptions of Indian thought and literature.

However, Tagore's influence came with complexities. Some critics noted that the English translations, shaped by both the author and Western literary collaborators, sometimes sacrificed complexity for accessibility and universality. Later postcolonial scholars debated whether Tagore's self translations compromised the richness of the Bengali originals, creating simpler, more "palatable" versions for a colonial gaze. Nevertheless, his English writings inspired generations of poets and writers in India and abroad, served as foundational texts of Indian English literature, and opened enduring dialogues on cultural exchange, literary representation, and the art of translation.

Compare original Bengali texts with English versions

"Raktakarabi" (Bengali) and its English version, "Red Oleanders," offer a revealing case study in how Tagore's translations both transmit and transform his original literary vision. The Bengali play is rooted in Indian symbolism, folklore, and subtle social commentary, presenting characters, idioms, and poetic rhythms that evoke a particular Bengali cultural context. When Tagore produced the English version, he faced the challenge of rendering these elements in a way that would resonate with Western audiences, often leading to notable changes in tone, imagery, and even plot structure.

Critics have shown that "Red Oleanders" utilizes more abstract, universalized dialogue, omits or adapts culture-specific metaphors, and sometimes simplifies the philosophical complexity of "Raktakarabi". For example, the character of Nandini in Bengali is deeply infused with emotional and spiritual associations tied to Indian mythology; the English translation, in emphasizing clarity and generalization, alters her depth and the play's overall mood. These differences have led scholars to argue that while "Red Oleanders" broadens Tagore's message for a global audience, it also introduces a degree of "loss in translation," sacrificing some linguistic richness and subtlety inherent in the Bengali.

Such comparisons underscore how Tagore's self translations simultaneously serve as creative adaptations balancing accessibility and cultural fidelity, yet inevitably marked by their entanglement with distinct literary and ideological worlds.

Critical readings of translation choices and their implications for meaning, aesthetics, and ideology Critical readings of Rabindranath Tagore's translation choices reveal how the act of translation goes beyond linguistic transfer it actively shapes meaning, aesthetic experience, and underlying ideological frameworks. In works like "Raktakarabi" and "Red Oleanders," Tagore modifies metaphors, narrative structure, and stylistic elements to accommodate English speaking audiences, sometimes simplifying or abstracting complex cultural references.

Such decisions have far-reaching implications: when Tagore omits or generalizes culture-specific imagery, the translated text often loses some of its original richness and subtlety, altering the emotional texture and interpretive possibilities for readers. This process also impacts ideology; Tagore's adaptations promote universalist ideals and spiritual messages, arguably at the expense of local social critique, folklore, and nuanced political commentary embedded in the Bengali originals. As a result, the English versions can feel less anchored in historical context and more oriented toward global cosmopolitanism, a shift that invites both appreciation and critique in literary scholarship.

Ultimately, critical analysis demonstrates that translation is never neutral. Tagore's choices motivated by artistic vision, cultural negotiation, and audience sensitivity reflect both the creative potential and the inevitable limitations of cross cultural transfer Tagore's Legacy in Translation Tagore's legacy in translation endures as a powerful illustration of how literature can transcend linguistic and cultural boundaries, while also highlighting the creative and interpretive complexities inherent to this process. His self translations played a crucial role in shaping global perceptions of Indian thought, enabling audiences around the world to engage with India's poetic, philosophical, and spiritual traditions. At the same time, critical scholarship has shown that the choices Tagore made both in adapting and sometimes altering his works reflect deeper negotiations between authenticity, accessibility, and philosophical intent.

The influence of Tagore's English translations on later generations is profound they set the stage for Indian English literature, established new standards for cross cultural communication, and inspired literary, political, and academic engagement across continents. Yet, his translations also continue to invite debate about the loss and gain in meaning, the responsibilities of translators as cultural negotiators, and the dynamic relationship between original and translated texts. As Indian and world literature evolve, Tagore's legacy remains a touchstone for ongoing reflection on translation as both art and dialogue.

Conclusion:

Rabindranath Tagore's translations into English culminate in a legacy that is as complex as it is inspiring. His self translations bridged cultures and brought the spiritual and literary wealth of Bengal and India to the global stage, fundamentally shaping international perceptions of Indian literature and philosophy. Yet, critical engagement with these translations reveals that literary transfer is an act of negotiation, where choices about language, imagery, and philosophy both enrich and transform, but sometimes also limit, the possibilities for meaning and beauty.

Tagore's reputation as a poet of universal resonance owes much to his carefully crafted English texts, which prioritize accessibility and universal ideals, even as they sometimes distill or alter the intricacies of their Bengali originals. As translators, critics, and readers continue to engage with these works, the ongoing dialogue about authenticity, adaptation, and the ethical dimensions of cross cultural translation ensures that Tagore's legacy remains vibrant an endless source of reflection on the wonder and challenge of translating worlds.

Reference:

1.Gitanjali (Song Offerings)-Rabindranath Tagore-1913

2.The Home and the World-Rabindranath Tagore-1916

3.Red Oleanders-Rabindranath Tagore-1925

4.Rabindranath Tagore: Formative Years-Sisir Kumar Das-2003

5.Rabindranath Tagore: A Critical Introduction P.C. Hogan-2003

अध्याय-29

Translation - Translators

K.S. Pranatharthiharan

ABSTRACT

Dr. K.S.Pranatharthiharan,
Head (Retd.), Department of Hindi,
St. Joseph's College (Autonomous),
Teppakulam, Tiruchirappalli-620 002,
Tamil Nadu, India.
Cell / WhatsApp: 9047553875
E-mail: kspharan@gmail.com

Dr. K.S.Pranatharthiharan,
B-17, Vedanta Desika Homes,
Sri Vishnu, Second Floor,
Seshadripuram, Subramaniapuram Road,
Srirangam-620 006, Tiruchirappalli,
Tamil Nadu, India.
Ph: 0431-2435358

Nowadays man lives in the age of translation. Translation needs two languages namely Source Language (SL) and Target Languages (TL). Translation means transforming ideas from the Source Language to the Target Language. Translators bridge ideas of different varieties of people. Dictionary plays an important role in translation. Translation is an art. The original writer can write anything as he likes. But the translator cannot translate as he likes. Rabindranath Tagore is of the opinion that translation is never satisfying. The aim of translation is to transfer certain intellectual, aesthetic values from the Source Language (SL) to the Target Language (TL).

The Indian languages have the sentence structure as subject – object – verb (SOV). The English has the sentence structure as subject – verb – object (SVO). Hence, the translation will be interesting and challenging. The term Vitamin can be transmitted as Vitamin, Vittamin, Vitaamin, Vittaamin, Vaitamin, Vaittamin, Vaitaamin, Vaittaamin and the work Xerox can be translated as Xerax, Xerox, Girox, Jerox, Jerax, Sirax, Sirox in Tamil.

விடமின், விட்டமின், விடாமின், விட்டாமின், வைடமின், வைட்டமின், வைடாமின், வைட்டாமின்.

ஜராக்ஸ், ஜரோக்ஸ், ஜிராக்ஸ், ஜிரோக்ஸ், ஜெராக்ஸ், ஜெரோக்ஸ், ஸிராக்ஸ், ஸிராக்ஸ், ஸெராக்ஸ், ஸெரோக்ஸ்.

Translation is an art. It needs two languages such as Source Language (SL) and Target Language (TL). Translator is supposed to know about the culture, grammatical aspects, language and style of both the languages. He needs tremendous amount of patience. Translation teaches a fact that patience is bitter and its effect will be fruitful. Rabindranath Tagore is of the opinion that translation is never satisfying. Today is the age of translation. Lord Buddha did not know Spanish. William Shakespeare did not know Tamil. Saint Valmiki did not know German. Kannadasan did not know Bengali. Rabindranath Tagore did not know Malayalam. Saint Thiagaraja did not know Dutch language. Milton did not know Telugu. Kamban did not know Greek. Thiruvalluvar did not know French. But people know about them because of Translation. People know the world class and top class poets and writers and their works because of translators. Hence, the translators bridge the languages, countries, time like present, past and future.

The role of translator is a challenging one. The translator has to depend on original document. It is stated that translation is like a woman. If a women is faithful she is not beautiful, if beautiful not faithful. Like that if a translator makes a faithful translation nobody will be interested to read, if a translator makes a beautiful translation he will be accused by the critics for deviating away from the original document.

The original writer is like a person who is watching the match in a play ground and the translator's plight is like a person who is watching the match in a television set. The translator is restricted to watch the scenery through the window of a house. But the original writer's plight is like a person who is watching the wonderful nature standing in a forest or on the top of the mountain. Translators make use of the dictionaries in order to do their work in an effective and successful manner. A word may have different meanings according to the circumstances while translating the translator has to think a lot to give the exact meaning as viewed by the original writers.

The famous Tamil writer Jayakanthan is of the opinion that the translator introduces the poet, the word and the language in the Target language. Language is like a river. While a river flows from mountain to sea in every two kilometers twists and turns can be seen. Like that a language which starts from Kashmir while crossing different states to Kanyakumari will face different turns, twists and changes which is obvious. As time is changing, according to new trends and circumstances the language, style and audience are changing.

After becoming Prime Minister of India, Pandit Jawaharlal Nehru went to London to address a meeting. The Chief guest was Lord Mount Pattern. Pandit Nehru spoke in English for some time. While giving reply for the same Lord Mount Pattern requested Pandit Jawaharlal Nehru to translate the English into simple English. Then Pandit Nehru obliged the same. Hence in translation, the Source Language (SL) and the Target Language (TL) can be the same.

The interesting challenge the translators face is that their work reach millions of people because of the translation. For example, Rebindranath

Tagore wrote Gitanjali in his mother tongue namely Bengali. While talking with his good friend namely William Butler Yeats in England, Yeats asked Tagore to translate the work Gitanjali into English so that more people will be benefitted and the work will have maximum reach. Tagore obliged the same and the work Gitanjali was awarded the Nobel Prize. Translators give life for Source Language, Target Language and Mother Tongue.

Dr. C.N.Annadurai was a very good on the spot translator in stage speeches. For Duty, Dignity, Discipline he has translated the same as Kadamai, Kanniam, Kattuppadu (flik> fz;zpak;> fl;Lg;ghL). The Dravidian leaders and cine writers have contributed a lot for the translation work giving new words in Tamil as translators. Some examples can be quoted.

'Thy eyes rest in sleep
The heart rests in peace'
-Shakespeare
'Thookkam un kangalai Thaluvattume
Amaithi un nenjil nilavattume'
'தூக்கம் உன் கண்களை தழுவட்டுமே
அமைதி உன் நெஞ்சில் நிலவட்டுமே'
- கண்ணதாசன் (பாசம்) திரைப்படம்
'Our sweetest songs are those that tell of the saddest thought'
- Shelly
'Sugaragam Sogamthane'
'சுகராகம் சோகம்தானே'
- வைரமுத்து (முதல் மரியாதை) திரைப்படம்

Nayanmars, Alwars have contributed a lot while translating the unwritten words Ezhudha Kilavi the Vedhas from Sanskrit to Tamil. Christian Rev. Fathers have contributed alot for the translation works.

The organizations like Sahitya Academy, Dakshina Bharath Hindi Prachara Sabha encourage alot to translate the works of Indian languages and foreign languages. Tamil Novelist Asokamitran is of the opinion that even the poor translation gives an idea of the original work. Hence, the translation gives a new hope, vision, life, vigour, enthusiasm to the translators and the readers.

Again in a Source Language (SL) more words can be obtained, and in the Target Language (TL) words cannot be seen as in SL. For example :

TAMIL	HINDI	ENGLISH
Thanneer	Panee	Water
Neer	Jalam	Adam/s ale
Punal	Theertham	
	Thoyam	
	Neer	
	Tanneer	
	Water	

Another Example :

TAMIL	HINDI	ENGLISH
Thamarai	Pankaja	Lotus
Kamalam	Jalaja	
	Girija	
	Vanaja	
	Shailaja	
	Kamala	
	Lotus	
	Sarojam	

So, the translator in case fails to get equivalent works he may have to transliterate the same in the Target Language (TL). Translation will have the style of the translator as Buffer rightly pointed out – 'Style is the man himself'. Translation may be in the form of direct translation, adaptation. Simplification and amplification. One can understand that if the Target Language (TL) is mother tongue it will be easier to translate. Generally, translators find it difficult to translate cultural words pronouns, sharp words, etc. into target language.

PRONOUNS

Yarudee Avan? Avanthan Avar	Jayakanthan

SHARP WORDS

Madam I'm Adam	Milton
He childed as she fathered	Shakespeare
It was the most unkindest cut	Shakespeare

Examples :

Tendulkar slammed a double century. – டெண்டுல்கர்இரட்டை சதம் அடித்தார். Common men translate according to their views as direct translation.

'Tendulkar velu velu endru veluthu vittar'	- dhobi
'Tendulkar adi adi endru adithuvittar'	- tinker
'Tendulkar pinnu pinnuvendru pinnivittar'	- weaver
'Tendulkar vanku vanku endru vaankinaar'	- salesman
'Tendulkar kizhi kizhi endru kizhithuvittar'	- tailor
'Tendulkar pidi pidi endru pidithuvittar'	- fisherman
'Tendulkar pola pola endru polanthuvittar'	- woodcutter
'Tendulkar uri uri endru urithuvittar'	- coconut seller

'டெண்டுல்கர் வெளுவெளுவென்று வெளுத்து விட்டார்'	- dhobi
'டெண்டுல்கர் அடி அடி என்று அடித்து விடடார்'	- tinker
'டெண்டுல்கர் பின்னு பின்னுவென்று பின்னி விட்டார்'	- weaver

'டெண்டுல்கர் வாங்கு வாங்கு என்று வாங்கினார்'	- salesman
'டெண்டுல்கர் கிழி கிழி என்று கிழித்து விட்டார்'	- tailor
'டெண்டுல்கர் பிடி பிடி என்று பிடித்து விட்டார்'	- fisherman
'டெண்டுல்கர் பொள பொள என்று பொளந்து விட்டார்'	- woodcutter
'டெண்டுல்கர் உறி உறி என்று உறித்து விட்டார்'	- coconut seller

'தூக்கம் உன் கண்களைத் தழுவட்டுமே அமைதி உன் நெஞ்சினில் நிலவட்டுமே'

It is understood that at the age of twenty a person can become poet like Shelly or Subramania Bharathiar. At the age of forty a person can become a novelist like Charles Dickens or Ashokamitran. At the age of sixty a person can become an essayist like Francis Bacon or Dr. N.S.Sundaravadivelu and only at the age of eighty a person can become a successful translator.

When Rev. Fr. Trincol came to Tamil Nadu, for the first time, he had an interesting experience, when he conducted a speech with the help of a Tamil translator as the Fathers were not strong in Tamil. At the stroke of the meeting, the Rev. Fathers stated that 'we go' and the translator translated as nangal pogirom (நாங்கள் போகிறோம்) in Tamil. The crowd did not move. Then the translator, translated as naam pogalam (நாம் போகலாம்). Then the crowd started moving. Translators unite people from different parts of the world. Man lives not only in the age of science but also live in the world of translation.

अध्याय-30

The Art and Science of Translation

Dr. J P Sharma

Introduction

Translation is both an art and a science that blends creativity, precision, cultural awareness, and linguistic skill. It is the process of rendering text or speech from one language into another while preserving its meaning, style, tone, and context. The dual nature of translation, its artistic and scientific elements, makes it a unique and complex discipline.

Translation is more than just changing words from one language to another; it is a powerful tool that connects people, ideas, and cultures.

For the common man, translation serves as a bridge to knowledge, communication, and opportunities. It is both an art and a science, and its value in everyday life is often underestimated.

Translation as an Art

As an art, translation requires a deep appreciation of language, culture, and context. Every language carries its own idioms, metaphors, emotions, and cultural references. A translator must go beyond literal meaning to convey the spirit of the original text.

This is especially important in literary translation, where preserving the author's voice, rhythm, and emotional impact is crucial. Translating poetry, for instance, is not merely about words, it involves recreating music, imagery, and emotion. A skilled translator interprets nuances, adapts cultural references, and ensures that the translated text resonates naturally with the target audience.

As an art, translation also demands creativity and cultural understanding. Every language has its own way of expressing ideas, emotions, and traditions. A good translator understands not only the words but also the feelings behind them. For example, an idiom or proverb in one language may not make sense in another if translated word for word. The translator must find an equivalent that conveys the same meaning and emotion. This artistic skill helps the common man connect deeply with stories, songs, news, and even government messages in his own language.

Entertainment, too, becomes richer through translation. Movies, songs, and books from around the world become enjoyable to all when translated or dubbed into local languages. It allows the common man to experience different cultures without language being a barrier.

* Translation as a Science*

On the other hand, translation is also a science. It demands accuracy, consistency, and a systematic approach, especially in technical, legal, or medical contexts. Scientific translation involves understanding specific terminologies and maintaining precision. It also requires knowledge of grammar rules, syntax, and semantics. In this way, translation becomes a process guided by structure, logic, and method. Modern tools like translation memory software, glossaries, and machine translation assist in maintaining uniformity and efficiency.

As a science, translation demands precision and method. Especially in areas like healthcare, law, education, or public safety, accurate translation is critical. A mistake in translating a medicine label, legal document, or examination instruction can have serious consequences. Scientific translation uses tools such as dictionaries, software, and grammar rules to ensure that the meaning remains correct and consistent. For the common man, this accuracy builds trust and clarity.

Bilingual Proficiency and Cross-Cultural Sensitivity

Effective translation requires bilingual proficiency and cross-cultural sensitivity.

A good translator must not only know both the source and target languages fluently but also understand the cultural backgrounds, social norms, and intended impact of communication. This distinguishes a translator from a bilingual speaker-the ability to transfer meaning accurately and effectively between languages and cultures ensuring that the translated message feels natural.

Translation and the Common Man

In a multilingual country like India, translation is essential for social inclusion. Government schemes, health campaigns, voter information, and emergency alerts must reach people in their local languages. Without translation, many citizens would remain unaware of their rights and services. For example, during the COVID-19 pandemic (2019–20), the translation of health guidelines into regional languages saved lives by spreading awareness even in remote villages.

Education is another area where translation benefits the common man. Not everyone can learn in English or a foreign language.

Translating textbooks, digital content, and learning materials into local languages makes education more accessible and equal. This promotes literacy, confidence, and empowerment.

Today, with the help of technology, translation has become faster and more accessible. Mobile apps, websites, and voice tools help people translate menus, signs, or conversations instantly. This helps travelers, workers, students, and ordinary people manage everyday situations more efficiently.

In conclusion, the art and science of translation is not just for scholars or professionals. It is a daily need for the common man. It brings information, safety, education, and joy within everyone's reach. A good translation respects the beauty of both languages while making life simpler and more connected. In a world full of diversity, translation is what makes communication possible and meaningful for all.

Global Significance of Translation

In today's globalized world, translation plays a crucial role in communication, diplomacy, commerce, education, and entertainment. It enables literature to reach global audiences, businesses to operate internationally, and people to access information in their own languages. Translators serve as bridges between cultures, promoting understanding and unity in an increasingly diverse world.

Conclusion

The art and science of translation go hand in hand. The artistic side ensures that the soul of the original message is preserved, while the scientific aspect guarantees clarity, accuracy, and consistency. A successful translator must balance both dimensions-being both a creative writer and a careful analyst.

As languages and cultures continue to interact in our interconnected world, the role of translation will only grow in importance. Translation is not merely an intellectual exercise; it is a living force that brings the world closer together. It touches every aspect of life-communication, education, business, and culture.

Translation truly embodies the harmony between art and science-a discipline that unites hearts, minds, and civilizations.

अध्याय-31

Translation in the Exchange of Culture and Literature

Subedar Major Sali KS

"Translation" is about understanding ourselves and developing ourselves by interacting with others, who are different.

Translation is a broad concept referring to the process of communication and transformation between cultural groups, going beyond simple linguistic conversion to encompass the transfer of people, ideas, and practices.

It involves understanding and negotiating cultural differences, conflicts, and the impact of movement and displacement, and it can be applied to phenomena like migration, hybridity, and intercultural exchange.

Key aspects of translation in cultural studies

Beyond linguistic conversion: While traditional translation focuses on converting text from one language to another, cultural translation sees the word "translation" as a metaphor for any kind of cross-cultural communication or transformation.

Focus on the process: Instead of focusing on fixed "products

"like a translated book, cultural translation emphasizes the process of communication, transmission, and meaning-creation, especially when people (rather than texts) are moved across cultural boundaries.

Application to cultural phenomena: The concept is used to analyze diverse areas such as postcolonialism, migration, gender studies, and cultural hybridity.

Negotiation and mediation: Cultural translation acknowledges the complexity of intercultural interaction, including potential misunderstandings, conflicts, and the mediating role of the "translator" or cultural intermediary.

Cultural context: It requires understanding how cultural context, belief systems, and specific practices are "carried across" and how they are transformed in new cultural environments.

Examples in practice:-

Anthropology:- Describing one culture to members of another, explaining how they interpret the world.

Cultural studies:- Analyzing the experiences of migrants as they navigate a new culture, or studying how cultural artifacts are reshaped as they are circulated across different communities.

Subtitling and dubbing:- Making foreign films and shows understandable to a new audience by adapting them to be more relatable and easier to understand.

Health research:- Ensuring that qualitative research accurately captures the intended meaning by involving interpreters who can provide both a literal translation and contextual understanding of the words.

Translation, meaning is not carried across from one language to another. It is rather created by the reader-

translator who interacts with the text-for-translation. "When pen meets page, the resulting translation reveals

more about the translator's own subjectivity than the reality of the translation's object itself.

अध्याय-32

शिक्षा जगत में अनुवाद

आर देवी

शिक्षा मानव जीवन का वह प्रकाश है जो अज्ञानता के अंधकार को मिटाकर समाज को प्रगति की ओर ले जाता है। प्राचीन काल से ही शिक्षा का मुख्य उद्देश्य ज्ञान का अर्जन और उसका वितरण रहा है। हालाँकि, विश्व की भाषाई विविधता हमेशा से ज्ञान के इस प्रवाह में एक बड़ी चुनौती रही है। दुनिया के अलग-अलग कोनों में विकसित हुई वैज्ञानिक खोजें, दार्शनिक विचार और साहित्यिक कृतियाँ तब तक एक सीमित दायरे में कैद रहती हैं, जब तक कि उन्हें दूसरी भाषाओं के लोगों के लिए सुलभ न बनाया जाए। यहीं पर 'अनुवाद' की शक्ति सामने आती है। अनुवाद केवल एक विशिष्ट भाषा के शब्दों को दूसरी भाषा में बदलना नहीं है, बल्कि यह एक संस्कृति के ज्ञान को दूसरी संस्कृति के द्वार तक पहुँचाने वाला सेतु है। शिक्षा के लोकतंत्रीकरण और उसके वैश्विक प्रसार में अनुवाद की भूमिका को कदापि नकारा नहीं जा सकता।

इस प्रक्रिया में अनुवाद मात्र सूचनाओं का वाहक ही नहीं, बल्कि बौद्धिक क्रांति का आधार भी बनता है। जब जटिल वैज्ञानिक शोध अथवा ऐतिहासिक तथ्य किसी छात्र की अपनी मातृभाषा में उपलब्ध होते हैं, तो उसकी मौलिक सोच तथा रचनात्मकता को नया आयाम मिलता है। अक्सर देखा गया है कि भाषा की बाधा के कारण कई प्रतिभाशाली मस्तिष्क मुख्यधारा की शिक्षा से कट जाते हैं। अनुवाद इसी खाई को पाटने का कार्य करता है। यह वैश्विक ज्ञान के भंडार को स्थानीय स्तर पर सुलभ कराकर शिक्षा को समावेशी बनाता है।

आधुनिक युग में, जहाँ डिजिटल पटलों पर ज्ञान की भरमार है, अनुवाद की महत्ता अत्यधिक बढ़ गई है। 'ई-लर्निंग' और ऑनलाइन पाठ्यक्रमों के माध्यम से दुनिया का सर्वश्रेष्ठ ज्ञान अब एक क्लिक पर उपलब्ध है, बशर्ते वह समझने योग्य भाषा में हो। अतः,

अनुवाद वह कुंजी है जो ज्ञान के बंद किवाड़ खोलकर एक 'वैश्विक समाज' के निर्माण का मार्ग प्रशस्त करती है। अत: यह केवल शब्दों का रूपांतरण नहीं, बल्कि ज्ञान के अधिकार का सशक्तिकरण है।

ज्ञान के लोकतंत्रीकरण और भाषाई बाधाओं का निवारण

शिक्षा के क्षेत्र में अनुवाद का सबसे बड़ा एवं महत्वपूर्ण योगदान यह है कि इसने ज्ञान को किसी एक विशिष्ट वर्ग अथवा भाषा तक सीमित रहने से बचा लिया है। इतिहास साक्षी है कि सदियों तक उच्च शिक्षा केवल उन लोगों तक सीमित थी जो लैटिन, ग्रीक, संस्कृत या अरबी जैसी भाषाओं के ज्ञाता थे। अनुवाद की प्रक्रिया ने इस एकाधिकार को तोड़ा। जब महान दार्शनिकों और वैज्ञानिकों के कार्यों का क्षेत्रीय भाषाओं में अनुवाद हुआ, तब जाकर वह ज्ञान आम जनता तक पहुँचा।

आज के डिजिटल युग में भी, दुनिया का अधिकांश शोध और अकादमिक सामग्री अंग्रेजी भाषा में उपलब्ध है। भारत जैसे बहुभाषी देश में, जहाँ ग्रामीण क्षेत्रों की एक बड़ी आबादी अपनी मातृभाषा में सहज है, वहाँ अंग्रेजी की अनिवार्यता शिक्षा के मार्ग में एक अवरोध बन सकती है। अनुवाद इस अवरोध को हटाकर छात्र की 'समझ' को उसकी 'भाषा' से जोड़ता है। जब एक छात्र अपनी मातृभाषा में जटिल वैज्ञानिक सिद्धांतों या ऐतिहासिक घटनाओं को पढ़ता है, तो उसकी वैचारिक स्पष्टता बढ़ती है। अनुवाद शिक्षा को समावेशी बनाता है, जिससे यह सुनिश्चित होता है कि प्रतिभा केवल भाषा की कमी के कारण दब न जाए। यह शिक्षा के उस मूल मंत्र को सार्थक करता है कि ज्ञान पर सबका समान अधिकार है।

वैश्विक ज्ञान का स्थानीयकरण और अनुसंधान को गति

शिक्षा का उद्देश्य केवल रटना नहीं, बल्कि नए विचारों का सृजन करना है। अनुवाद वैश्विक स्तर पर हो रहे नवीनतम अनुसंधानों (Research) को स्थानीय स्तर पर उपलब्ध कराता है। जब दुनिया के किसी एक कोने में कोई नई तकनीक विकसित होती है, तो अनुवाद के माध्यम से वह दुनिया भर के छात्रों और शोधकर्ताओं तक पहुँचती है। चिकित्सा, इंजीनियरिंग, और अंतरिक्ष विज्ञान जैसे क्षेत्रों में, जहाँ हर दिन नए बदलाव होते हैं, अनुवाद सूचनाओं के आदान-प्रदान की रीढ़ की हड्डी है। उच्च शिक्षा में अनुवाद की भूमिका इसलिए भी महत्वपूर्ण है क्योंकि यह छात्रों को विविध दृष्टिकोणों से परिचित

कराता है। उदाहरण के लिए, विश्व साहित्य का अनुवाद पढ़ने से छात्रों की संवेदनाएँ विस्तृत होती हैं और वे विभिन्न संस्कृतियों के प्रति अधिक सहिष्णु और जागरूक बनते हैं। यह न केवल बौद्धिक विकास है, बल्कि चारित्रिक निर्माण भी है। अनुवाद के कारण ही आज एक भारतीय छात्र घर बैठे रूसी लेखकों, जापानी तकनीक और अमेरिकी अर्थशास्त्र के सिद्धांतों को समझ पा रहा है। यदि अनुवाद की प्रक्रिया रुक जाए, तो ज्ञान का प्रवाह स्थिर हो जाएगा और दुनिया वैचारिक रूप से अलग-थलग पड़ जाएगी। अतः अनुवाद शोध के क्षेत्र में नवीनता और निरंतरता बनाए रखने के लिए अनिवार्य है।

डिजिटल क्रांति और आधुनिक शिक्षा पद्धतियों में अनुवाद का महत्त्व

वर्तमान समय में शिक्षा का स्वरूप बदल चुका है। अब शिक्षा कक्षाओं की चाहरदीवारी से निकलकर 'ई-लर्निंग' (E-Learning) और डिजिटल प्लेटफॉर्म्स तक पहुँच गई है। यूट्यूब, कोर्सेरा और खान एकेडमी जैसे वैश्विक मंचों पर उपलब्ध उत्कृष्ट सामग्री का लाभ उठाने के लिए अनुवाद ही एकमात्र साधन है। 'सबटाइटल' और 'डबिंग' के माध्यम से आज दुनिया का सर्वश्रेष्ठ शिक्षक किसी भी भाषा के छात्र को पढ़ा सकता है। यह 'शिक्षा के सार्वभौमिकरण' की दिशा में एक क्रांतिकारी कदम है। आर्टिफिशियल इंटेलिजेंस (AI) और मशीन लर्निंग के दौर में अनुवाद और भी तेज़ और प्रभावी हो गया है। हालाँकि, मानवीय अनुवाद का अपना महत्व है, लेकिन तकनीकी सहायता ने भारी मात्रा में उपलब्ध शैक्षिक डेटा को कम समय में अनुवादित करना संभव बना दिया है। नई शिक्षा नीति (NEP 2020) में भी मातृभाषा में शिक्षा देने पर बल दिया गया है, जिसे सफल बनाने हेतु अनुवादकों की एक बड़ी फौज की आवश्यकता है ताकि उच्च स्तरीय पाठ्यपुस्तकों का क्षेत्रीय भाषाओं में सटीक अनुवाद किया जा सके।

अतः, अनुवाद वह धुरी है जिस पर आधुनिक शिक्षा का पहिया घूम रहा है। यह न केवल सूचनाओं का वाहक है, वरन् यह विभिन्न सभ्यताओं के बीच संवाद स्थापित कर एक 'वैश्विक नागरिक' तैयार करने में मदद करता है। शिक्षा के प्रचार-प्रसार की यात्रा में अनुवाद कल भी अनिवार्य था और नि:संदेह भविष्य में इसकी भूमिका और भी निर्णायक होगी।

लेखक परिचय

प्रो. हरीश अरोड़ा

हरीश अरोड़ा समकालीन हिन्दी साहित्य में एक प्रतिष्ठित नाम है। ये दिल्ली विश्वविद्यालय के पी जी डी ए वी कॉलेज (सांध्य) के हिंदी विभाग में प्रोफेसर के रूप में सेवारत हैं। पूर्व में प्रो. अरोड़ा महात्मा गांधी अंतर्राष्ट्रीय हिंदी विश्वविद्यालय, वर्धा के दूरशिक्षा निदेशालय में निदेशक तथा प्रोफेसर के रूप में भी अपनी सेवाएं दे चुके हैं। कविता, कहानी, नाटक, पत्रकारिता और समालोचना पर इनकी 40 से अधिक पुस्तकें प्रकाशित हो चुकी है। जिनमें शब्द को प्रवेश करने दो, तटस्थ नहीं मैं, पाश्चात्य काव्यशास्त्र के सिद्धांत, पत्रकारिता का बदलता स्वरूप और न्यू मीडिया, प्रिन्ट मीडिया लेखन, इलेक्ट्रॉनिक मीडिया लेखन आदि प्रमुख हैं। हिंदी साहित्य में इनके विशिष्ट योगदान के लिए इन्हें 20 से अधिक राष्ट्रीय और अंतरराष्ट्रीय सम्मानों से सम्मानित किया गया है। इनकी अनेक रचनाएं भारत के विभिन्न शैक्षिक संस्थानों में पाठ्यक्रम में पढ़ाई जा रही हैं। इनके साहित्य पर अनेक विश्वविद्यालयों में एमफिल और पीएचडी के लिए शोध कार्य हो चुके हैं तथा अभी भी जारी

प्रो. डॉ. उषा दुबे

मध्यप्रदेश के जबलपुर की विदुषी एवं शिक्षिका प्रोफेसर उषा दुबे वरिष्ठ साहित्यिकार हैं। आदर्श शिक्षक सम्मान से सम्मानित विभिन्न साहित्यिक एवं सांस्कृतिक गतिविधियों में आप सदैव सक्रिय रहती हैं। विभिन्न समाचार पत्र-पत्रिकाओं में लेख, कहानी इत्यादि समय-समय पर प्रकाशित होती रहती हैं। लगभग 36 वर्षों के अध्यापन काल में आपको

विभिन्न संस्थाओं द्वारा पुरस्कृत एवं सम्मानित किया गया। आपके द्वारा लिखित अनेक पुस्तकें प्रकाशित हो चुकी हैं।

डॉ. अशोक पांड्या

17 पुस्तकें, सैंकड़ों लेख, आलेख, राष्ट्रीय, अंतरराष्ट्रीय पत्र-पत्रिकाएं, हिंदी, अंग्रेजी भाषाएं, साहित्यिक विदेश यात्राएं। हाल ही में कुआलालंपुर आयोजित बारहवें अंतरराष्ट्रीय हिंदी अधिवेशन की अध्यक्षता। ब्रिटिश वर्ल्ड रिकॉर्ड्स 2021 एवं गोल्डन बुक ऑफ वर्ल्ड रिकॉर्ड 2022 में शामिल। अकादमी, वाग्विदांवर, हिंदी भाषा भूषण, दुष्यंत कुमार, कबीर सम्मान एवं राष्ट्रीय एकता पुरस्कार। अनेक वैश्विक संदर्भ ग्रंथों,एन्साइक्लोपीडिया और वेबसाइट्स पर उपलब्ध। परामर्शक मंडल सदस्य,अमेरिकन बायोग्राफिकल इंस्टिट्यूट, यूएसए। संप्रति : निदेशक, मावजी फाउण्डेशन। E mail : ashokpandyadr@gmail.com

डॉ. सी जे प्रसन्न कुमारी

मलयालम भाषी हूं। द्रविड भूमि केरल की राजधानी तिरुवनंतपुरम से भगवान राम की पुण्य भूमि अयोध्या आयी हूं। मैं केरल के विविध सरकारी कालेजों में प्राध्यापिका, विभागाध्यक्ष और शोध निदेशक रही। 17 छात्राएं मेरे निदेशन में पी. एच-डी हासिल की है। सन 2013 में मैं सेवानिवृत हुई। सेवाकाल में समांतर रूप से सर्जन प्रक्रिया जारी रही। अभी तक 21 कृतियों का प्रणयन हुआ। इनमें निबंध, कहानी संकलन, कविता संकलन, यात्रा वृत्त, भाषा संबंधी किताब, और अनूदित कृतियां शामिल हैं। एकाध किताब केरल विश्वविद्यालय और अन्य विश्वविद्यालयों के पाठ्यक्रम में है। केंद्रीय हिन्दी निदेशालय की व्याख्यान माला के व्याख्याता के रूप में मुझे उत्तर भारत के बी एच यू, महात्मा गांधी काशी विद्यापीठ, इलाहाबाद विश्वविद्यालय, दक्षिण बिहार केन्द्रीय विश्वविद्यालय गया जैसी अनेक शैक्षणिक संस्थाओं में। भाषण देने का मौका मिला। एक अनुवादक के रूप में उत्तर दक्षिण की सांस्कृतिक सेतु का, चाहे वह राम सेतु निर्माण में गिलहरी का जैसा हो, मैं खुश हूं। हिन्दी की सेवा हेतु मुझे समय-समय पर हिन्दीतर भाषी हिन्दी लेखक पुरस्कार,

(केन्द्रीय सरकार), सौहार्द सम्मान (उ.प्र.) जैसे अनेक पुरस्कार मिलते रहते हैं। अब भी निरंतर लेखन कार्य में तन मन से रत हूं। आकाश वाणी, तिरुवनंतपुरम से निरंतर संपर्क में हूं। निकटस्थ पुस्तकालय की उपाध्यक्ष, सरकारी महिला कालेज हिन्दी अस्मिता की अध्यक्ष के पद पर रहकर मां कैरली और मां भारती की सेवा कर रही हूं।

श्रीमती सुमन काशीनाथ सामंत

30 वर्षों तक अध्यापन कार्य काल में उप प्राचार्य और प्राचार्य के पदों पर सुशोभित रहीं। सेवानिवृत्ति के उपरांत आप वर्तमान में 'स्नेह मंदिर वृद्धाश्रम' की व्यवस्थापक के रूप में अपनी सेवा दे रही हैं। कोंकणी, मराठी और हिंदी भाषाओं में समान अधिकार से काव्य सृजन, लेख और कहानियां इत्यादि लिख रही हैं। आपकी प्रमुख कृतियों में 'सुमनांजली' हिंदी, मराठी और कोंकणी भाषा में कविताओं काव्य संग्रह एवं 'विचारशलाका' लेख संग्रह हैं। मराठी पत्रिकाओं में समय-समय पर लेख प्रकाशित होते रहते हैं। साहित्य और शैक्षणिक कार्य के लिए विभिन्न संस्थाओं द्वारा पुरस्कारों से सम्मानित। आप एजुकेशनल ब्रॉडकास्ट कमेटी ऑल इंडिया रेडियो की आठ वर्षों तक सदस्य रही।

प्रोफेसर आन्शवना सक्सेना

प्रोफेसर संगीत आगरा कॉलेज आगरा, एम ए, पी. एच-डी, नेट क्वालीफाईड, आकाशवाणी दूरदर्शन की बी हाई ग्रेड कलाकार, आकाशवाणी अनुमोदित उद्घोषक, गायक एवं लेख-लेखिका, तीन पुस्तकें कविता और संगीत नाटक क्षेत्र में प्रकाशित तीन प्रकाशाधीन, तीन साझा संकलनों का संपादन एवं प्रकाशन लगभग 500 मंच प्रदर्शन, एक अमेरिकन फिल्म में अभिनय।

डॉ. पूर्णिमा श्रीनिवासन

Name : Dr.Poornima Srinivasan

Designation:Assistant Professor & Head,

Deparment of Hindi, Vels Institute of Science Technology & Advanced Studies Attended Trg Prog, FDPs conducted by various national and international institutions.

Research Supervisor:

Presently guiding 6 scholars

3 phd degree awarded

Books Published:

21vi sadi ka sahity : Nav Vimarsh

Under publication 3 Interested in

Kavita, Official and Literary Translation

Contact Address: Dr.Poornima Srinivasan,

2A, Nellipet Cross St, Zamin Royapet, Chromepet, Chennai-600044, Mob: 9884026296 Mail: poornimasrini23@gmail.com/ hodhindi@vistas.ac.in

गीता विजयाकुमार

जन्मदेश तिरुवनंतपुरम है। मैं अब त्रिशूर में रहती हूं। पिता का नाम चंद्रशेखरन नायर है और माता का नाम श्यामलकुमारी है! मेरा पति का नाम विजयकुमारन नायर है! मेरा बेटा विवेक तिरुवनंतपुरम में डेंटिस्ट का काम करता है।

मैंने तीन पुस्तकें लिखी थी (मलयालम)

1. भूटान yathrayile स्वप्न दर्शन (यात्रा विवरण)
2. ottamarakkavukal (kavitha)
3. Oru kadal thengunnu (kavitha)

नरेंद्र सिंह परिहार

नरेंद्र सिंह परिहार जबलपुर इंजीनियरिंग कॉलेज से ग्रेजुएट पंजाब में जन्में और हिंदी को जीवन में आत्मसात करने वाले ऑथर्स गिल्ड ऑफ इंडिया के आजीवन सदस्य हैं।

आपका कहना है हिंदी से उनके जीवन में सतत एक धारा बहती रही है। इससे उनका वक्त भी कटता है और करीबी मित्रों और समाज का मार्गदर्शन भी होता है। इसके साथ हिंदी ने इन्हें राज्य सरकार के, आंचलिक और देश की कई संस्थाओं द्वारा सम्मान दिलाया। हिंदी में इनकी विभिन्न विधाओं में 32 कृतियां प्रकाशित हो चुकी हैं। इसका श्रेय पाठक और परिवार के साथ ऑथर्स गिल्ड ऑफ इंडिया को देते हैं। आप कहते हैं हिंदी के शौक ने उन्हें कई कुसंस्कारों से बचाकर भी रखा और ऑथर्स गिल्ड ऑफ इंडिया संस्था ने एक नाम दिया और पहचान भी दी। पंजाबी, मराठी, भाषा पर इनकी जबर पकड़ है। आप कई पत्र पत्रिकाओं में नियमित प्रकाशित होने के साथ हिंदी की पत्रिका "दीवान मेरा" का संपादन भी करते हैं। हिंदी को और समाज को करीब से समझकर हिंदी राष्ट्रभाषा स्थापित कैसे हो इसके लिए निरंतर प्रयासरत हैं।

डॉ. सलमा जमाल

डॉक्टर सलमा जमाल जी जबलपुर (म. प्र.) की रहने वाली हैं। आपका जन्म (यू.पी.) महोबा के समीप कुलपहाड़ नाम के कस्बे में हुआ। आपने ट्रिपल एम. ए, बी.एड, एल एल बी किया। पी. एच-डी (मानद), डी. लिट (मानद) प्राप्त हैं। आपका 15 वर्षों का शिक्षण कार्य एवं 25 वर्षों का सोशल वर्क है। दो एन जी ओ भी हैं। समाज सेवा एवं लेखन, कवि सम्मेलन में रुचि रखती हैं। आपकी 15 पुस्तकें प्रकाशित हैं। दो पुस्तकों का विमोचन मॉरीशस में हुआ। विभिन्न पत्र पत्रिकाओं में प्रकाशित हैं। आपको 150 सम्मान मिले हैं। जिसमें पांच अंतरराष्ट्रीय हैं।

डॉ. नेहा कौशिक

साहित्य और अनुवाद के क्षेत्र में सक्रिय युवा शोधकर्ता एवं लेखिका हैं। आपने वर्धा से अनुवाद अध्ययन में पी. एच-डी की है। आपका शोध अंग्रेज़ी के प्रसिद्ध कवि William Wordsworth की कविताओं के हिंदी में अभिग्रहण और अनुवाद से संबंधित रहा। आपकी पुस्तक "हिंदी साहित्य में अभिग्रहण : तुलनात्मक अध्ययन" प्रकाशित हो चुकी है तथा अनेक राष्ट्रीय पत्रिकाओं और संपादित पुस्तकों में आपके शोध-लेख प्रकाशित हुए

हैं। हिंदी के प्रचार-प्रसार के उद्देश्य से Hindi Connect संस्था का संचालन भी कर रही हैं। साहित्य और भाषा के क्षेत्र में आपके योगदान के लिए आपको कई सम्मान प्राप्त हुए हैं।

डॉ. हरिसिंह पाल

शिक्षा:- पी. एच-डी (लोकसाहित्य), एम. एड (शिक्षा शास्त्र), एम. ए समाजशास्त्र), पी-जी.डी (दूरस्थ शिक्षा), बी एस सी,सी लिब, डी. लिट (मानद)

लेखन:- 20 मौलिक पुस्तकें (कविता, हास्य-व्यंग्य, उपन्यास, कहानी, निबंध, समालोचना, लोकसाहित्य और बाल साहित्य तथा 50 संपादित कृतियां एवं 1000 से अधिक लेख प्रकाशित।

इंदिरा गांधी राष्ट्रीय मुक्त विश्वविद्यालय के एम. ए हिंदी के लिए 4 दक्षिण भारत हिंदी प्रचार सभा के 3 पाठ्यक्रम तैयार।

शब्दावली निर्माण:- भारत सरकार के वैज्ञानिक एवं तकनीकी शब्दावली आयोग की अभियांत्रिकी और सूचना प्रौद्योगिकी शब्दावली निर्माण में सहयोग।

शोध कार्य:- छः विश्वविद्यालयों से व्यक्तित्व एवं कृतित्व पर केंद्रित शोध कार्य संपन्न।

सेवानिवृत्त :- भारतीय प्रसारण सेवा, आकाशवाणी

संप्रति मानद सेवा:-

महामंत्री:- नागरी लिपि परिषद, नई दिल्ली

संपादक:- 1. नागरी संगम (शोध पत्रिका)

2. सौरभ (न्यूयॉर्क, अमेरिका से प्रकाशित वैश्विक हिंदी पत्रिका)

डॉ. सुजाता दास

1. नाम : डॉ. सुजाता दास
2. पिता : स्व. श्री एनसोंतिदास
3. माता : स्व. श्रीमती वासंती दास
4. सम्प्रति : पुलिस अधिकारी, जिला दुर्ग (छत्तीसगढ़)
5. साहित्यिक गतिविधियाँ :

1. वर्ष 2022–23 में मैंने आयर्स गिल्ड ऑफ इंडिया की आजीवन सदस्यता ग्रहण की है। तत्पश्चात वर्ष 2024 में चेन्नई (तमिलनाडु) और वर्ष 2025 में पुरी (ओडिशा) में आयोजित वार्षिक सम्मेलन में मैं सदस्य के रूप में उपस्थित रही हूँ।

2. मेरी अब तक कुल 04 कृतियाँ प्रकाशित हो चुकी हैं, जो इस प्रकार हैं :–
   अ) बस्तर के इतिहास पर शोध परक ग्रंथ "ब्रिटिश युगीन बस्तर 1854–1947" – प्रकाशन वर्ष 2019, शताब्दी प्रकाशन
   ब) छत्तीसगढ़ के स्वतंत्रता सेनानियों व क्रांतिकारियों के जीवन पर लिखित कृति "आदर्श समर्पण की प्रस्तुति" – प्रकाशन वर्ष 2021, शताब्दी प्रकाशन
   स) बाल साहित्यिक कृति "करारी तरंगी जलेबी" – प्रकाशन वर्ष 2025, डायमंड बुक्स प्रकाशन
   द) समसामयिक विषयों पर लिखित आलेख संग्रह– चतुर्थ कृति – अर्थ दान की तृप्ति – प्रकाशन वर्ष 2025, डायमंड बुक्स प्रकाशन
   ई) सतत लेखन जारी है।

6. विगत 15 वर्षों से आकाशवाणी, दूरदर्शन व समाचार पत्रों-पत्रिकाओं के माध्यम से चिंतन, आलेख, कहानियाँ, कविताओं के माध्यम से जनजागृति का प्रयास जारी है।

7. राष्ट्रीय व राज्य स्तर पर लेखन हेतु अनेक सम्मान मेरी लिखित कृतियों को प्राप्त हुए हैं।

डॉ. रजनी सिंह

जन्म : 15 दिसंबर, 1942 को डिबाई में, शिक्षाविद, प्रसिद्ध साहित्यिकार और समाजसेवा में पिछले 50 वर्षों से सक्रिय

शिक्षा : कला परा–स्नातक तथा अनेक कलात्मक क्षेत्रों में तकनीकी प्रशिक्षण।

प्रकाशन : अनेक शैक्षिक नारी–विमर्श पत्रिकाओं का प्रबंधन–संपादन तथा अनेक सम–सामयिक पत्र–पत्रिकाओं में लेख–विचार प्रकाशित, अनेक शोधपरक आलेख देश–विदेश के मंचों पर पाठ। अब तक हिंदी और अंग्रेजी में करीब 60 पुस्तकें प्रकाशित और

कई पुस्तकों का विभिन्न भाषाओं में अनुवाद। कई पुस्तकों का शोध अनुशीलन। प्रो. गायत्री वाजपेयी के संरक्षण में उनकी काव्य कृतियों पर शोधग्रंथ। कैलाश कुमार रजक शकरपुर, मध्य प्रदेश से शोध कर रहे हैं।

राष्ट्रीय सम्मान–पुरस्कार : करीब 75 राष्ट्रीय पुरस्कारों से सम्मानित और लगभग 35 प्रतीक चिन्ह प्राप्त।

अंतरराष्ट्रीय सम्मान–पुरस्कार :

1. अंतरराष्ट्रीय राजभाषा प्रेरणा सम्मान (इजिप्ट)
2. अंतरराष्ट्रीय हिंदी सम्मेलन साहित्य सम्मान (आस्ट्रेलिया 2012)
3. अंतरराष्ट्रीय महिला सम्मान (इटली)
4. अंतरराष्ट्रीय सम्मान (दक्षिण अफ्रीका)
5. हिंदी भूषण सम्मान अंतरराष्ट्रीय विश्व हिंदी मिशन (यूके)
6. आधारशिला हिंदी गौरव सम्मान (नीदरलैंड)
7. अंतरराष्ट्रीय हिंदी भूषण सम्मान (मॉरीशस)

(माननीय प्रधानमंत्री श्री प्रवीन जगन्नाथ जी के कर–कमलों द्वारा)

विदेश भ्रमण : हिंदी राजभाषा के प्रचार–प्रसार हेतु अमेरिका, इटली, जापान, नेपाल, जर्मनी, हवाई, इजिप्ट, दक्षिण अफ्रीका, नीदरलैंड, बेल्जियम, स्विट्जरलैंड, अफ्रीका, दुबई, आस्ट्रेलिया, फ्रांस, स्कॉटलैंड, मलेशिया, इंडोनेशिया, सिंगापुर आदि।

प्रसारण : दूरदर्शन, आकाशवाणी, हिंट तथा साधना चैनल से

पता : रजनी विला, रेलवे रोड, डिबाई, बुलंदशहर–203393, उत्तर प्रदेश

दूरभाष : 9412653980, 9528162071, 05734–265101

ई–मेल : rajnisinngh2009@yahoo.com / rajnisinnghdibai@gmail.com, वेबसाइट : www.rajnishiksha.com

श्रीमती मंजु लंगोटे

मैं डॉ. श्रीमती मंजु लंगोटे दो किताबें प्रकाशित, पहली किताब "मंजुल मोती" काव्य संग्रह को रेलवे का सर्वोच्च सम्मान "मैथिली शरण गुप्त" सम्मान प्राप्त। दूसरी किताब लघुकथा संग्रह "पोटली" प्रकाशित। स्वयं की लिखी "पर्यावरण चालीसा" प्रकाशित,

कन्नड़ में अनुवादित, PMO कार्यालय में भेजी गई। कई स्थानीय, रेल राजभाषा के और राज्य के विभिन्न पुरस्कार प्राप्त हुए। मेरी रुचि लेखन, गायन, बागवानी और पाककला, समाजसेवा में है। मेरी शिक्षा M.A राजनीति शास्त्र, M.A अर्थशास्त्र, B.Ed है। मैं वर्तमान में रेलवे में मुख्य कार्यालय अधीक्षक के पद पर कार्यरत हूँ।

श्रीमती कृष्णी वाल्के

आप गोवा के सामाजिक, सांस्कृतिक, राजकीय सलाहकार एवं शैक्षिक जगत में चिरपरिचित शख्सियत हैं। आप गोमांतक राष्ट्रभाषा विद्यापीठ की अध्यक्ष हैं। सन् 1964 से राष्ट्रभाषा प्रचार समिति की सदस्य हैं। आपको कानपुर अधिवेशन में "दुर्गा प्रसाद विद्या निकेतन" का पुरस्कार भी प्राप्त हुआ है। इसके अलावा आप बहुउद्देशीय हिंदी संस्था वर्धा से "सरस्वती हिंदी सेवी" पुरुस्कार से भी सम्मानित हैं।

प्रभा मेहता

शिक्षा- एम .ए. राज्य शास्त्र

सेवा निवृत्ति के पश्चात नियमित लेखन।

अब तक आठ पुस्तकें प्रकाशित।

दो पुस्तकों को महाराष्ट्र राज्य साहित्य अकादमी का आचार्य रामचंद्र शुक्ल स्वर्ण पुरस्कार।

1- पुस्तक- "रवि रश्मियां" एवं

2- मुदित मन (निबंध संग्रह)

3- "पुष्प पारिजात के" कहानी संग्रह को विद्योत्तमा फाउंडेशन द्वारा "साहित्य सारथी सम्मान"

4- युगधारा फाऊँडेशन द्वारा, "साहित्य सौमित्र सम्मान अनुवाद- संत नरसिंह मेहता के जीवन चरित्र, नरसैंयो भक्त हरिनो का गुजराती से हिंदी में अनुवाद।

मानव संसाधन विकास "हिंदी प्रचारक सम्मान"

"क्राय" अंतर्राष्ट्रीय संस्था और "चाईल्ड रिलीफ एण्ड यू" द्वारा उत्कृष्ट लेख हेतु सम्मानित।

अशोक अश्रु विद्यासागर

अशोक अश्रु का जन्म उत्तर प्रदेश के शहर आगरा में वर्ष 1951 में हुआ था। आपकी सम्पूर्ण शिक्षा आगरा शहर में ही हुई है। वर्ष 1976 में एम.ए.,एल-एल.बी.करने के बाद आगरा कोर्ट में अधिवक्ता के रूप में अपनी सेवाएं देने लगे। आपने कई पत्र-पत्रिकाओं का संपादन एवं प्रकाशन किया है। वर्तमान में संचेतना संगम मासिक पत्रिका का संपादन कर रहे हैं। आपकी काव्य संग्रह, निबंध संग्रह, चालीसा सहित करीब पच्चीस पुस्तकें प्रकाशित हो चुकी हैं।

आपके संपादन में 'आगरा के बेनजीर नजीर', 'बागी-बीहड़ और बाहर तहसील', 'आगरा के शिव मंदिर', 'डॉ.भीमराव आंबेडकर विश्वविद्यालय एवं केंद्रीय हिंदी संस्थान, आगरा' तथा 'सप्तपर्णी' पुस्तकों का प्रकाशन हुआ। आप विभिन्न साहित्यिक एवं सामाजिक संस्थाओं से जुड़े हुए हैं। लेखकों और पत्रकारों की हितैषी संस्था 'ऑथर्स गिल्ड ऑफ इंडिया'...

डॉ. श्रीमती अपराजिता शर्मा

डॉ. श्रीमती अपराजिता शर्मा छत्तीसगढ़ चैप्टर से हैं। आकाशवाणी से सेवानिवृत्ति के बाद आप साहित्य के छेत्र में सक्रिय हैं। सन् 1992 से अब तक आपकी 5 पुस्तकें प्रकाशित हो चुकी हैं।

इसके अलावा आपकी रचनाएं सांझा संकलन 28 में शामिल हैं। 10 अंतर्राष्ट्रीय शोध पत्र भी प्रकाशित हैं। अनेक मंच अंतरराष्ट्रीय, राष्ट्रीय सम्मान प्राप्त हो चुके हैं। लेखन के अलावा आप समाज सेवा के क्षेत्र में भी सक्रिय हैं।

षणमुखम

नाम : पी षण्मुखम : जन्म की तारीख : 19.01.1956

पेशा : वरिष्ठ प्रबन्धक (सेवा निवृत्त) पंजाब अण्ड सिंध बैंक, चेन्नई

मातृ भाषा : तमिल

शैक्षिक योग्यताएँ : बी काम, एम ए हिन्दी

कार्यानुभव : बैंक में 35 साल का अनुभव राष्ट्रभाषा हिन्दी प्रसार व प्रचार के क्षेत्र में 40 साल

हिन्दी प्रचार सभा के सक्रिय प्रचारक एवं आजीवन सदस्य। 2 बार सभा के व्यस्थापक समिति के सदस्य के रूप में सेवा और 2017 में एनसीईआरटी द्वारा निर्धारित नए पाठ्यक्रम मानदंडों के अनुसार प्रचार सभा की प्रारम्भिक परीक्षाओं के पुस्तक सम्पादन में सहभागिता।

बैंक सेवा के दौरान दक्षिण मण्डल के राजभाषा कार्यान्वयन के प्रभारी की रूप में कई संगोष्ठियों का आयोजन और हिन्दी कार्यशालाओं के सत्रों में बैंकिंग विषय पर भाषण की प्रस्तुति।

चेन्नई नगर राजभाषा कार्यान्वयन समिति के सदस्य होने के नाते उक्त समिति की ओर से निकाली जानेवाली मासिक पत्रिका का सम्पादन कार्य में सहयोग। इसके अलावा गुजरात विद्यापीठ में गैर-हिन्दी भाषी राज्यों के हिन्दी शास्त्रीय लेखकों के हेतु केंद्रीय हिन्दी निर्देशालय द्वारा आयोजित प्रशिक्षण में सहभागिता और अनुवाद में व्यवसायिकता के लिए प्रमाण पत्र की प्राप्ति। 2011 में एक ईसाई सेवा संगठन के अनुरोध पर तमिल से हिन्दी में एड्स (AIDS) जागरूकता के बारे में एक छोटी सी किताब का अनुवाद कार्य। 2017 में ट्राइमेड एवं न्यूरोकृश के उपलक्ष्य में चेन्नई स्थिति बुद्धी क्लिनिक द्वारा डॉ। एननपादम एस कृष्णमूर्ति की परिकल्पना स्वरूप Autisim नामक अंग्रेजी किताब का हिन्दी में अनुवाद।

फिलहाल तिरुमूलर तिरुमंदिरम का तमिल व अंग्रेजी से हिन्दी में अनुवाद कार्य। दक्षिण भारत हिन्दी प्रचार सभा के हर तरह के कार्यक्रमों में सम्पूर्ण सहभागिता। सभा के ही द्वारा राष्ट्रीय सीमा शुल्क, अप्रत्यक्ष कर एवं नाकरोटिक्स अकादमी के उत्तर प्रदेशीय अधिकारियों को हिन्दी भाषा के माध्यम से बोलचाल तमिल का प्रशिक्षण और उस अकादमी द्वारा सर्वोत्तम स्थानीय भाषा संकाय उपाधि की प्राप्ति। तमिलनाडू के राज्यपाल द्वारा हिन्दी तथा अन्य भाषा साहित्य सेवा हेतु साहित्य-सेतु सम्मान की उपलब्धि।

आजकाल बैंक से सेवानिवृत्ति के बाद आदर्श भाषा केंद्र के नाम पर प्रचार सभा तथा स्कूली शिक्षा संबन्धित परीक्षाओं के लिए बच्चों को तैयार करने का कार्य में लगाव।

राजकुमार

मैं डॉ राजकुमार अनुवादक, साहित्यिकार, कवि एवं समाजसेवी। मैं डॉ. राजकुमार अनुवादक, साहित्यिकार, कवि एवं समाजसेवी। वर्तमान समय में किन्नर समुदाय आज

साहित्य के क्षेत्र में एक ज्वलंत विषय के रूप में अपनी छाप छोड़ रहा हैए उस समुदाय की उपयोगिता एवं अनुवाद के आयामों के प्रयोग द्वारा मैंने किन्नर समुदाय की विच्छिन्न एवं छिपी हुई भाषा से संबंधित विषय को अपने साहित्य लेखन एवं शोध लेखन के क्षेत्र में प्रस्तुत किया है। किन्नर समुदाय के क्षेत्र में भाषाई संबंधी इस लेखन का प्रयोग साहित्य के क्षेत्र में प्रस्तुत उनके सकारात्मक सामाजिक योगदान, भाषाई उपयोगिता एवं समाज की मुख्य धारा में उनकी बहुमुखी भूमिका को प्रस्तुत करने का प्रयास है। इस ज्वलंत विषय पर कार्य करते समय मेरे द्वारा उनके भाषाई विभिन्नताओं को समझना एवं समझानाए उनकी आंगिक एवं मनोभावों का प्रतीकात्मक अनुवाद एवं निर्वचन द्वारा व्याख्या करना एवं उनके गीतों में व्याप्त लौकिक भावना की मांगलिक परछाई को प्रस्तुत करना हैए जो समाज हित से संबंधित है। मेरे इस विषय की गंभीरता को ध्यान में रखते हुए मैंने इस विषय से संबंधित लेख को सुनियोजित तरीके से प्रस्तुत करने का एक नवीन प्रयास है।

लक्ष्मण प्रसाद डेहरिया

नाम - लक्ष्मण प्रसाद डेहरिया

उपनाम - ख़ामोश

पिता - स्व. दर्शनलाल डेहरिया

जन्म - 4 जुलाई, 1951

रुचि - कवि, शायर, रंगकर्मी, व्याख्यान, लेखक भोपाल दूरदर्शन से गजलों का प्रसारण।

आकाशवाणी केंद्र छिंदवाड़ा (मध्यप्रदेश) से कविता प्रसारण।

सृजन - गीत, ग़ज़ल, नज़्म, कहानियाँ, नाट्य मंचन

उपलब्धियाँ - देश-प्रदेश की प्रतिष्ठित पत्र पत्रिकाओं में प्रकाशन, आकाशवाणी

दूरदर्शन से प्रसारण एवं अनेक संस्थाओं से सम्मान प्राप्त।

लाल बहादुर शास्त्री सम्मान छिंदवाड़ा।

तुलसी साहित्य अकादमी भोपाल द्वारा सम्मानित

गजल संग्रह ख़ामोश समुन्दर प्रकाशित, कहानी संग्रह पतझड़ का सावन प्रकाशित। हालहि में शैलेश साहित्य कुंज द्वारा सम्मानित।

डॉ. ज्योति गजभिये

शिक्षा एम.ए., एम.फिल., पीएचडी (हिन्दी साहित्य)

विधायें

कविता, कहानी, व्यंग्य, नाटक, आलोचना

कृति: अनुभूति (क्षणिका संग्रह), शमा (कविता संग्रह), खलिश (गजल संग्रह), समकालीन लेखिका नासिरा शर्मा का कथा साहित्य (शोध प्रबंध), बिन मुखौटों की दुनिया (कहानी संग्रह), बेड नंबर ४६ (कहानी संग्रह)

सम्मान

प्रज्ञा भारती प्रयाग हिन्दी साहित्य सम्मेलन द्वारा (2006) राष्ट्रीय हिन्दी सेवी महासंघ द्वारा हिन्दी सेवी सम्मान (2010)

महाराष्ट्र राज्य हिंदी साहित्य अकादमी द्वारा मुंशी प्रेमचंद स्वर्ण पुरस्कार कथा संग्रह "बिन मुखौटों की दुनिया" (2020-21)

अध्यक्ष

साहित्य सरिता हिन्दी मंच नासिक

ई-मेल:jyotiwriter60@gmail.com
मोबाइल नं.: 9987860479

पी बी रमादेवी

केरल के तृश्शूर जिले की निवासी हूँ। हिंदी एम.ए, बी.एड. सरकारी हाईस्कूल की हिंदी अध्यापिका पद से सेवा निवृत्त हूँ। मेरा रचना क्षेत्र कविता, कहानी, लेखन, कार्टून आदि हैं। मेरी कहानियाँ और निबंध तृश्शूर आकाशवाणी से प्रसारित हुए हैं। समकालीन पत्रिकाओं में मेरी कविताएँ एवं लेख प्रकाशित हुए हैं।। 'प्रणाम' और 'तीवंडियिले करतालंङल' नामक दो मलयालम काव्यसंग्रह प्रकाशित हैं। ए. जी.ऐ के अलावा मलयाल काव्यसाहिती, तपस्या सर्गवेदी, वैलोप्पिल्लि स्मारक समिती, एषुत्तुकूट्टम आदि साहित्य ग्रुप्पें की सदस्य हूँ। केरला सीनियर सिट्टिज़न, एम एस. सुरेन्द्रन स्मारक, डॉ. बी.आर. अंबेदकर स्मारक

समता मार्गा, नेहरू युवकेंद्र, नवोथानश्रेष्ठ, मलयाल काव्यसाहिती आदि बीस से अधिक पुरस्कार प्रप्त हैं।

डॉ. युवराज सिंह

प्रोफेसर/विभागाध्यक्ष (हिन्दी)
राजा बलवंत सिंह कालेज, आगरा
कवि/गीतकार

- प्रकाशन-

1- हिन्दी आत्मकथा साहित्य के परिप्रेक्ष्य में "बच्चन" की आत्मकथा का मूल्यांकन (आलोचना)

2- अगर तुम न होते(काव्य संग्रह)

3- जाने क्या- क्या खो गया(काव्य संग्रह)

4- कुछ तो कहा (मुक्तक संग्रह)

5- 11 शोधपत्र प्रकाशित

6- अनेक अतिथि व्याख्यान

7- आकाशवाणी आगरा से गीत/गजलों का प्रसारण

8- विभिन्न काव्य प्रतियोगिताओं में निर्णायक की भूमिका

9- विभिन्न राष्ट्रीय मंचों से काव्य पाठ

दायित्व

1- समन्वयक (आगरा चेप्टर)
आंथर्स गिल्ड आंफ इंडिया

2- प्रांत अध्यक्ष (हिन्दी से न्याय)

3- सह- सम्पादक (हिचकी) पत्रिका

मोबाइल-9897137484

Dr. D. SASIKALA

M.A. (Tamil), M.A. (Linguistics), M.Phil., Ph.D., is an Assistant Professor in the Department of Tamil at Government Arts College, Chidambaram, Tamil Nadu. I have 19 years of teaching experience. I have presented 29 research papers at National-level seminars and 21 research papers at International-level seminars. I have attended 7 National-level research conferences and 6 international conferences. I have published 4 research papers in UGC-approved journals and authored 5 Tamil books. I have received 8 awards for my academic contributions and has served as a member of the editorial committee for 5 books. I have participated in 6 National-level workshops and has guided 20 Master's degree students thesis, 1 M.Phil. Thesis, and 4 Ph.D. theses. I have worked as a College Academic Programme Coordinator and has organized 1 National-level seminar and 1 International seminar in 2020. I also conducted a two-day Teachers' Training Workshop at Annamalai University as Chief Coordinator and served as an NSS Programme Officer for two years at Annamalai University in 2016 &2017. I have participated as a judge in college student competitions and have delivered 15 Tamil literary lectures in various colleges and schools. I attended an International Conference in Malaysia University in 2025. Currently, I am writing two books and preparing two research papers for UGC journals.

Dr. T. Samivel

MBA, MA, Ph.D.(English), HDSE, currently working as an Assistant Section Officer at the University College of Engineering, Anna University, Panruti, Tamil Nadu. I have 20 years of administrative experience. I have authored two books in English (2020 and 2023). I have presented three English papers at National Seminars and two papers at International Seminars. I also attended an International Conference at the University of Malaya, Malaysia, in 2025. Currently, I am writing one book and one research article

आर देवी उर्फ श्रीदेवी

जन्म स्थान बरेली उत्तर प्रदेश

मातृभाषा तमिल

भाषाओं का ज्ञान हिंदी अंग्रेजी तमिल

शैक्षिक योग्यता स्नातकोत्तर हिंदी साहित्य एवं B.Ed हिंदी।

संप्रति हिंदी शिक्षिका, साहित्यिकार, संवाददाता एवं ब्यूरो चीफ, अहिंसा क्रांति दैनिक समाचार पत्र

हिंदी साहित्यिक उपलब्धियां- दो हिंदी काव्य संग्रह प्रकाशित एवं एक काव्य संग्रह वर्तमान में प्रकाशनाधीन।

अन्य साहित्यिक सेवाएं- विभिन्न स्कूली छात्रों को काव्य लेखन एवं अन्य साहित्यिक विधाओं के लेखन हेतु प्रोत्साहित करना।

विभिन्न राष्ट्रीय साहित्यिक संस्थाओं द्वारा हिंदी साहित्य सृजन हेतु सम्मान प्राप्त। तमिलनाडु के पूर्व राज्यपाल द्वारा सम्मानित।

अनेक पत्र पत्रिकाओं में काव्य कृतियों का नियमित प्रकाशन।

विभिन्न राष्ट्रीय एवं अंतरराष्ट्रीय हिंदी साहित्यिक संगोष्ठियों में विषयगत प्रपत्र वचन। विभिन्न प्रतिष्ठित हिंदी शोध पत्रिकाओं में हिंदी साहित्यिक शोध पत्र प्रकाशित।

विभिन्न प्रतिष्ठित राष्ट्रीय साहित्यिक संस्थाओं में सक्रिय रूप से पदाधिकारी के रूप में प्रतिभागिता।